Wo der Glaube wohnt

T0161607

Theologie für die Gemeinde

Im Auftrag der Ehrenamtsakademie
der Ev.-luth. Landeskirche Sachsens herausgegeben
von Heiko Franke und Wolfgang Ratzmann

Heiko Franke / Manfred Kießig

Wo der Glaube wohnt

Das Wesen und die Sendung der Kirche

EVANGELISCHE VERLAGSANSTALT
Leipzig

Bibliographische Information der Deutschen Nationalbibliothek
Die Deutsche Nationalbibliothek verzeichnet diese Publikation
in der Deutschen Nationalbibliographie; detaillierte bibliographische
Daten sind im Internet über http://dnb.dnb.de abrufbar.

© 2013 by Evangelische Verlagsanstalt GmbH · Leipzig
Printed in Germany · H 7670

Das Buch wurde auf alterungsbeständigem Papier gedruckt.

Cover und Coverfoto: Kai-Michael Gustmann, Leipzig
Coverfoto: © iStock_000018231766Large
Layout und Satz: Steffi Glauche, Leipzig
Druck und Binden: BELTZ Bad Langensalza GmbH

ISBN 978-3-374-03185-6
www.eva-leipzig.de

Ulrich Kühn (1932–2012) gewidmet

Vorwort

In eine Runde von Ehrenamtlichen wurde das Stichwort »Kirche« gegeben. Spontan ergaben sich vielfältige und ganz unterschiedliche Eindrücke und Fragen, darunter:
– Brauche ich als Christ die Institution Kirche?
– Warum gibt es eine Kluft zwischen Kirchenleitung und Gemeindegliedern?
– Braucht der Glaube äußere Zeichen?
– Warum gibt es Spaltungen?
– Wie gehen wir mit den Schwächen der Kirche um?
– Gehören Glaube und Kirche nicht doch zusammen?
– Wie steht es mit der Glaubwürdigkeit?

Es sind kritische Fragen, die hier gestellt werden, und sie verschärfen sich noch, wenn wir das Bild von Kirche in den Medien anschauen. Auf der anderen Seite finden viele Christen in ihrer Gemeinde Heimat und Geborgenheit, Kraft für die Bewältigung ihres Lebens. Das vorliegende Buch will die Fragen der Menschen aufnehmen und auf der Grundlage der Bibel unter Berücksichtigung von Erfahrungen der Kirchengeschichte und der Erkenntnisse der Reformation sowie im Blick auf die weltweite Christenheit darlegen,
– was die Kirche ist und wie sie entstanden ist;
– wozu die Kirche berufen ist;
– wie sich Gesamtkirche und Gemeinde zueinander verhalten;
– inwiefern die Kirche eine Institution ist;
– welche Dienste und Ämter es gibt;
– welche Rolle Taufe, Abendmahl und die anderen kirchlichen Handlungen im Leben der Christen spielen;

– welche Veränderungen es in der Gegenwart gibt und was im Blick auf die Zukunft der Kirche zu berücksichtigen ist. Der Inhalt des Buches ist theologisch verantwortet, bedarf aber zum Verstehen keiner Fachkenntnisse. Wo *Fachbegriffe* notwendig sind, werden sie erklärt. Durch den laufenden Text ziehen sich *Kernsätze*, die einen kurzen Überblick über den Gang der Argumentation ermöglichen; am Schluss jedes Kapitels findet sich eine *Zusammenfassung*.

Weitere Informationen zu den hier behandelten Themen finden sich auch im *Evangelischen Erwachsenenkatechismus*, an dem die beiden Autoren dieses Bandes mitgearbeitet haben (8., neu bearbeitete und ergänzte Auflage 2010, im Auftrag der Kirchenleitung der VELKD hg. von Andreas Brummer, Manfred Kießig, Martin Rothgangel).

Wir wünschen uns, dass unser Buch dazu beiträgt, die Kirche besser kennenzulernen, sie als Ort des Glaubens zu lieben und in ihr mitzuarbeiten.

Störmthal und Gnandstein   *Manfred Kießig*
im März 2013   *und Heiko Franke*

Inhalt

1 Gemeinschaft in Christus – die Kirche

1.1 Wo erlebe ich Kirche?

Eine evangelische Studentin aus Leipzig erlebt in der katholischen Tein-Kirche in Prag die Osternacht. Beim Friedensgruß kommt eine Frau auf sie zu, reicht ihr die Hand und sagt auf Tschechisch: »Friede sei mit dir«. Über die Grenzen von Konfession und Volk erlebt sie Kirche und fühlt: Ich gehöre dazu.

Martin macht eine Bergtour in den Alpen. Am Gipfelkreuz angekommen, staunt er über die Schönheit der Berge und denkt dabei an den, der dies alles geschaffen hat.

In einem Gottesdienst treffen sich ältere und junge Menschen, manche kennen sich, andere kennen sich nicht, aber als sie am Altar stehen und das Abendmahl empfangen, erfahren alle: Wir sind Kirche.

Elisabeth steht auf dem Friedhof am Grab ihrer Tante, die sie vor vielen Jahren in den Kindergottesdienst mitgenommen hat. Sie denkt: In der Gemeinschaft der Christen bin ich mit den früheren Generationen verbunden.

Benjamin, ein Student kurz vor dem Examen, hat Schwierigkeiten mit der Konzentration. Er weiß nicht, ob er die Prüfungen schaffen wird. Er wendet sich an einen Seelsorger und empfängt Ermutigung, seinen Weg weiterzugehen.

Ein Organist aus Südamerika, der gerade in Schweden studiert hat, gibt in einer sächsischen Kirche ein Orgelkonzert. Alle Besucher spüren die verbindende Kraft der Musik über alle Grenzen hinweg.

Menschen, die in Not geraten sind, wenden sich an Einrichtungen der Diakonie, z. B. an die Schuldnerberatung oder an die Ehe- und Familienberatung, und erfahren professionelle Hilfe.

Sabine geht auf ihrem Weg in die Stadt an einer Kirche vorbei. Sie setzt sich hinein und genießt die Stille. Offene Kirchen laden zur Besinnung ein; sie beherbergen oft wertvolle Kunstschätze, in denen die biblische Botschaft einen plastischen Ausdruck findet.

So unterschiedlich alle diese Erfahrungen sind – eines ist ihnen gemeinsam: Sie haben etwas mit Kirche zu tun. Bei Kirche geht es also nicht in erster Linie um eine Organisation, sondern um Menschen, die in unterschiedlichen Situationen etwas von der Kraft der christlichen Botschaft erleben.

1.2 Wie entstand die Kirche?

a) Lange Zeit nahm man an, die Kirche sei eine Gründung des irdischen Jesus von Nazareth, ja, sozusagen das hauptsächliche Ziel seines Auftretens. Die Forschung des 19. Jahrhunderts sah hier genauer hin und erkannte, dass von einer Kirchengründung Jesu im engeren Sinne keine Rede sein kann. Jesus war weder Kirchengründer noch Religionsstifter. Im Mittelpunkt seiner Verkündigung und seines Wirkens standen vielmehr die Erwartung der Gottesherrschaft, des »Reiches Gottes« (griechisch: *basileia tou theou*), und der Ruf zur Buße, zur Ausrichtung auf Gottes Gebot und zur Einladung in das Reich Gottes. Dennoch lässt sich beobachten, wie schon vor Ostern um Jesus herum Anfänge einer neuen Gemeinschaft entstehen.

Und sie sprachen zu ihm: Siehe, deine Mutter und deine Brüder und deine Schwestern draußen fragen nach dir. Und er antwortete ihnen und sprach: Wer ist meine Mutter und meine Brüder? Und er sah ringsum auf die, die um ihn im Kreise saßen, und sprach: Siehe, das ist meine Mutter und das sind meine Brüder! Denn wer Gottes Willen tut, der ist mein Bruder und meine Schwester und meine Mutter.

(Mk 3,32–34)

In diesem Sinne hat Jesus nicht nur eine Botschaft verkündet, sondern Menschen zu sich gerufen und in einer verbindlichen Lebensgemeinschaft um sich gesammelt – in ihrer Mitte der Zwölferkreis der »Jünger«. In diesem Zusammenhang kann man von einer »vorösterlichen Urform« (Ulrich Kühn) der Kirche sprechen, in der Menschen etwas von der Kraft und Dynamik der Gottesherrschaft in der Gemeinschaft mit Jesus erfuhren.

Das Auftreten, Lehren und Wirken des Jesus von Nazareth sowie sein Schicksal gehen der Kirche nicht nur zeitlich voraus, sie sind vielmehr die Bedingung ihrer Entstehung. So ist Jesus zwar »nicht der Gründer, aber der Grund der Kirche« (J. Roloff).

Wenn also viele Aussagen über Leben und Wesen der Kirche in die vorösterliche Zeit zurückverlagert werden (z. B. Mt 16; Joh 10 ff.), so ist dies wohl historisch nicht zutreffend, in der Sache aber angemessen: Denn der irdische Jesus und der erhöhte Herr, welcher der Herr der Kirche ist, gehören zusammen. Die Kirche ist demgemäß, auch wenn sie natürlich nicht die Verwirklichung des Reiches Gottes ist, weder eine Fehlentwicklung noch ein Miss-

> »Jesus ist zwar nicht der Gründer, aber der bleibende Grund der Kirche.«

verständnis. Sie entstand, weil die Geschichte Gottes mit Jesus und die Geschichte Jesu mit den Menschen mit Jesu Tod nicht zu Ende war.

b) Durch die Auferweckung Jesu von den Toten wurde die Gemeinschaft der Jünger gewissermaßen neu gegründet. Sie begegneten dem Auferstandenen, der sie, nachdem sie die Kreuzigung Jesu als Katastrophe erlebt hatten, aufs Neue in seinen Dienst nahm. Offenbar um in der Heiligen Stadt den Auferstandenen zu verkünden, zogen die zwölf Jünger und weitere Anhänger Jesu nach Jerusalem. Nach dem Zeugnis der Apostelgeschichte des Lukas widerfuhr ihnen dort 50 Tage nach Ostern, am Pfingstfest, etwas, was sie einzeln und als Gemeinschaft unwiderruflich veränderte:

> Und als der Pfingsttag gekommen war, waren sie alle an einem Ort beieinander. Und es geschah plötzlich ein Brausen vom Himmel wie von einem gewaltigen Wind und erfüllte das ganze Haus, in dem sie saßen … und sie wurden alle erfüllt von dem heiligen Geist.
>
> (Apg 2,1–4)

Dabei erlebten die Jünger diese Begabung mit dem Geist als Beauftragung zur Mission und als Zeichen für die Erneuerung des Bundes zwischen Gott und seinem Volk gemäß der biblischen Verheißung:

> Und dies ist mein Bund mit ihnen, spricht der HERR: Mein Geist, der auf dir ruht, und meine Worte, die ich in deinen Mund gelegt habe, sollen von deinem Mund nicht weichen noch von dem Mund deiner Kinder und Kindeskinder, spricht der HERR, von nun an bis in Ewigkeit.
>
> (Jes 59,21; vgl. Joel 3,1–5)

Paulus nennt die Kirche folgerichtig »Gemeinschaft des Heiligen Geistes« (2Kor 13,13), wo Menschen am Heiligen Geist und an seinen Wirkungen Anteil haben und dadurch zusammengehören, was sie in erster Linie in der Taufe und im Mahl des Herrn erfahren: »Wir sind durch einen Geist alle zu einem Leib getauft ... und sind alle mit einem Geist getränkt.« (1Kor 12,13) Die dies zuerst erlebten, wussten sich zusammengehörig in der »Urgemeinde« in Jerusalem. Die Kirche als sichtbare und erfahrbare Wirklichkeit war entstanden – eine durch den Heiligen Geist versammelte Gemeinschaft, »die begnadigte Menschheit in Jesus Christus« (D. Bonhoeffer). Und bald schon ging das Zeugnis von Jesus Christus von Jerusalem aus hinaus in die Welt. Die Kirche wurde zu einer universalen Größe.

1.3 Wie wird die Kirche genannt?

Anfangs war »Ekklesia« der meistverwendete Begriff für das, was mit Pfingsten neu in die Welt kam. Im alten Griechenland war »Ekklesia« die Versammlung für politische Entscheidungen in einer Stadt (*polis*). Die Ekklesia wurde von freien, männlichen Bürgern gebildet. Bereits in der griechischen Übersetzung des Alten Testaments (Septuaginta) wählte man *ekklesia*, um das hebräische Wort *quahal*, die Bezeichnung für das versammelte Gottesvolk, wiederzugeben. Die Christen übernehmen diesen Begriff für ihre Versammlungen – zunächst einfach als Funktionsbegriff: eine versammelte Gemeinschaft im Unterschied zu anderen Gemeinschaften. Aber diese *ekklesia* wird auffallend oft näher bestimmt als »ekklesia tou theou«, »Versammlung Gottes«

(1Thess 2,14; Apg 20,28 u. ö.). Im Neuen Testament ist demnach »ekklesia« sowohl horizontal als auch vertikal zu verstehen: Die Gemeinde versammelt sich – Gott versammelt seine Gemeinde. Ferner meint *ekklesia* bereits im Neuen Testament nicht nur die Versammlung der Gemeinde vor Ort, sondern ist auf dem Weg zu einer Bezeichnung für die Gesamtheit der Christen: Paulus schreibt »an die Ekklesia Gottes, soweit sie in Korinth ist.« (1Kor 1,2) Die lokale Gemeinschaft ist ebenso *ekklesia* wie die universale, die gottesdienstliche Versammlung am Tisch des Herrn ebenso wie die Gesamtheit der Getauften.

> **»Die lokale Gemeinschaft ist ebenso ›Ekklesia‹ wie die universale Kirche.«**

Ortskirche und Gesamtkirche sind also aufs Engste miteinander verbunden und können niemals voneinander getrennt werden. So wird *ekklesia* allmählich zu einem »Fachbegriff«, was man an der Übernahme des griechischen Fremdwortes ins Lateinische erkennt: »ecclesia«. Von da aus gelangte es, umgeformt, als Lehnwort in die romanischen Sprachen und hat sich dort erhalten: *l'église* (französisch), *chiesa* (italienisch), *iglesia* (spanisch). In der Theologie heißt die Lehre von der Kirche »Ekklesiologie«.

Das deutsche Wort »Kirche«, verwandt z. B. mit dem englischen »church«, entstand wohl aus dem spätgriechischen *kyriaké*, »dem Herrn (*kyrios*) gehörig«, und gelangte über das althochdeutsche »kiricha« in den Wortschatz der Völker mit germanischen Wurzeln: Auch in »Kirche« schwingen verschiedene Dimensionen des Christseins mit. Man meint damit sowohl ein Gebäude als auch eine Organisation, aber auch den Gottesdienst: »Ich gehe zur Kirche« – das bedeutet: »Ich sehe mir ein Kirchgebäude an«. Das kann auch bedeuten: »Ich nehme an einem Gottesdienst teil«. »Ich gehöre zur Kirche« – damit meint man: Ich gehöre zu einer bestimmten Kirchgemeinde oder Landeskirche. Oder es ist nichts anderes damit gemeint als: »Ich bin Christ«. Im heutigen deutschen Sprachgebrauch meint Kirche meist eine Gesamtgröße und Gemeinde eine konkrete örtliche Gemeinschaft. Dennoch sollte bei dieser begrifflichen Unterscheidung die Zusammengehörigkeit beider, wie sie nach dem Neuen Testament gegeben ist, im Auge behalten werden.

1.4 Wie beschreibt das Neue Testament die Kirche?

1.4.1 Das Leben der ersten Gemeinden

In der Apostelgeschichte des Lukas, die auf die Anfänge der Kirche schaut, ist deutlich: Christ wird man durch die Taufe, durch die man zur Gemeinde der Christen hinzukommt (Apg 2,38.41). Die Aussage, dass sie »beständig blieben in der Lehre der Apostel und in der Gemeinschaft und im Brotbrechen und im Gebet« (Apg 2,42), kann als eine erste idealtypische Beschreibung gemeindlichen Lebens gelesen werden: Ohne dass Christen in der Gemeinde das Wort (die »Lehre«) der Apostel hören und bedenken, ohne dass sie miteinander das Herrenmahl (Brotbrechen) feiern, ohne dass sie sich im Gebet zusammenfinden, ist ihr Christsein nicht denkbar. Das Stichwort »Gemeinschaft« (*koinonia*) steht darüber hinaus für die soziale und karitative Verantwortung füreinander als entscheidendes Merkmal christlichen Lebens, das am Anfang offenbar auch zu Formen der Gütergemeinschaft führte (Apg 2,44 f.). Das Herrenmahl wurde in Privathäusern gefeiert (Apg 2,46). Eigens dafür bestimmte Räume gab es noch auf längere Zeit nicht.

Die Vielstimmigkeit und Vielfalt, mit der im Neuen Testament von dieser neu entstandenen Gemeinschaft gesprochen wird, gibt uns eine Ahnung von der Vielfalt kirchlichen Lebens im frühen Christentum und bietet die Basis für die Vielgestaltigkeit von Kirche und die Vielstimmigkeit der Lehre von der Kirche in der Ökumene bis in die Gegenwart. Vor allem in den ältesten Schriften des Neuen Testaments bemerken wir den großen Stellenwert, der den vielfältigen praktischen Fragen, der Ordnung des Gottesdienstes und der Bearbeitung von Konflikten zukam. Die *Briefe des Paulus* zeigen uns, wie Stücke einer »Lehre von der Kirche« gerade in solchen Einzelfragen entstanden. Dabei fällt auf, dass Paulus durchgehend die Lehre von Christus (Christologie) und die Lehre von der Kirche (Ekklesiologie) zusammendenkt. Im 1. Korintherbrief werden die Christen durch die Taufe, in der sie mit Christus, dem Gekreuzigten und Auferstandenen verbunden werden, zur Gemeinde zusammengefügt, in der ein gegenseitiges Geben und Nehmen gilt. Weder finden wir ein hierarchisches Gefälle noch spielen soziale Unterschiede eine Rolle (vgl. Gal 3,28). Allerdings bringt Paulus seine eigene Autorität als Apostel und Gründer der jeweiligen Gemeinden ins Spiel, die er im Sinne eines Dienstes (nach dem Vorbild Jesu) deutet (2Kor 4,1), und er identifiziert auch bestimmte Dienste in der Gemeinde als grundlegend (1Kor 12,28). Die gleichzeitige Zusammengehörigkeit der Gemeindeglieder untereinander und mit Jesus Christus zeigt sich und wird immer neu hergestellt im Abendmahl (vgl. 1Kor 10,16–17).

»Paulus bringt seine Autorität als Apostel ins Spiel.«

1.4.2 Kirche in den Evangelien

Auch die Evangelien setzen unterschiedliche ekklesiologische Schwerpunkte:

Das *Matthäusevangelium* sieht und beschreibt die Kirche als Weiterführung des vorösterlichen Jüngerkreises. Die Nachfolge als Festhalten an der Lehre Jesu, als Leben aus seinen Weisungen und in Verbindung mit ihm kennzeichnet die Kirche. Anders als der Kreis der Jünger Jesu lebt die von Gott gesammelte Ekklesia aber nicht mehr in und für Israel, sondern weiß sich gesandt zu allen Völkern der Erde (Mt 28,19f.). Die Orientierung an Simon Petrus ist von besonderer Bedeutung für Matthäus und sein Kirchenbild: »Auf diesen Grund will ich meine Kirche bauen.« (Mt 16,18) Petrus erscheint als »Urbild des bekennenden Jüngers« sowie als »Prototyp des christlichen Lehrers« (J. Roloff).

Das *Johannesevangelium* zeigt, nachdem Jesus »alles vollbracht« hat und nicht mehr in Person bei den Seinen ist, wie der Geist, der »Paraklet« (Anwalt, Beistand, Tröster, vgl. Joh 14,26; 15,26; 16,5–14) Jesu Lehre lebendig hält und interpretiert und den Jüngern beisteht und hilft. So wird es möglich, dass die Gemeinschaft der Jünger mit ihrem Herrn nach Ostern nicht endet. Die Gemeinde versammelt die vielen Einzelnen, die mit Christus wie Reben mit einem Weinstock verbunden sind (Joh 15,1–8). Bei Johannes heißen die Christen die »Freunde Jesu« (Joh 15,15) – eine Gemeinschaft, in der Juden- und Heidenchristen zusammengekommen sind und die »eins« sein und bleiben soll, so wie auch der Vater und der Sohn »eins« sind (Joh 17,21). Die Kirche kann demnach als »Freundeskreis Christi« beschrieben werden.

Ein wichtiges Motiv im theologischen Denken des *Lukas* ist die Heilsgeschichte, als deren Teil das Kommen und Wirken Jesu verstanden wird. Die *Apostelgeschichte* beschreibt die Geburt der Urgemeinde und die Ausbreitung der Christusbotschaft »bis an das Ende der Erde« (Apg 1,8) und fügt so der Darstellung der »Zeit Jesu« auch die der »Zeit der Kirche« an, in der sich die Heilsgeschichte fortsetzt und die Grenzen Israels überschreitet. Durch die Zwölf Apostel ist die Kirche mit der Jesus-Zeit und der Verkündigung Jesu verbunden. Der Heilige Geist, dessen Wirken Lukas besonders hervorhebt, schafft am Pfingsttag die Kirche, fügt durch die Taufe Einzelne der Gemeinde hinzu und setzt Amtsträger (Bischöfe) in den Gemeinden ein (Apg 20,28). Auch die Diakone der Urgemeinde sind »Männer voll Heiligen Geistes« (Apg 6,3). So gibt die Apostelgeschichte ähnlich wie andere neutestamentliche Schriften vom Ende des 1. Jahrhunderts (1. Petrusbrief, 1. und 2. Timotheusbrief) Zeugnis von der Konzentration auf wenige, zentrale Ämter und schließlich die Herausbildung und Verfestigung eines besonderen, gemeindeleitenden kirchlichen Amtes – ausgeübt durch ein Kollegium oder einen Einzelnen.

> »Im Neuen Testament dienen Bilder und Vergleiche der Beschreibung der ›Ekklesia Gottes‹.«

1.4.3 Bilder und Vergleiche

Von bleibender Bedeutung sind die Bilder und Vergleiche, die die neutestamentlichen Autoren nutzen, um verständlich zu machen, was es mit dieser »Ekklesia Gottes« auf sich hat.

a) Der »Leib Christi«

Das Bild vom Leib und seinen Gliedern übernimmt vor allem Paulus aus der nichtchristlichen Umwelt. Antike Philosophen beschrieben den Staat auf diese Weise. Wir sehen einen Organismus vor uns, der durch die Unterschiedenheit und die wechselseitige Beziehung der Glieder gekennzeichnet ist und in dem alle ihren Platz haben. Das Zusammenwirken ist das Ziel, die je besonderen Gaben und Möglichkeiten der Einzelnen tragen dazu bei.

> Denn wie der Leib **einer** ist und doch viele Glieder hat, alle Glieder des Leibes aber, obwohl sie viele sind, doch **ein** Leib sind: so auch Christus. Denn wir sind durch **einen** Geist alle zu **einem** Leib getauft, wir seien Juden oder Griechen, Sklaven oder Freie, und sind alle mit einem Geist getränkt. Denn auch der Leib ist nicht ein Glied, sondern viele … Aber Gott hat den Leib zusammengefügt und dem geringeren Glied höhere Ehre gegeben, damit im Leib keine Spaltung sei, sondern die Glieder in gleicher Weise füreinander sorgen. Und wenn ein Glied leidet, so leiden alle Glieder mit, und wenn ein Glied geehrt wird, so freuen sich alle Glieder mit. Ihr aber seid der Leib Christi und jeder von euch ein Glied.
>
> (1Kor 12)

In den einzelnen Gliedern des Leibes Christi offenbaren sich vielfältige Gaben des Heiligen Geistes (Charismen), unter ihnen grundlegende Dienste wie die der Apostel, der Lehrer und Propheten, dazu außerordentliche Gaben wie Prophetie, Heilungsgaben und Zungenrede und solche »alltäglichen« Begabungen wie Weisheit und Beredsamkeit. Der Heilige Geist erweist sich als das Prinzip der Einheit einer so vielfältig begabten Kirche.

»Leib Christi« ist aber nicht nur ein Bild, sondern eine Realität: Zum einen geht es um den Geist Christi, der in diesem Leib erfahrbar wirkt, zum anderen um die Verbindung von Leib Christi und Brot beim Mahl des Herrn (1Kor 10). Christen der nächsten Generation nehmen dieses Bild auf und denken es weiter: »Leib Christi« wird nun eine universale Größe, ein kosmischer, Himmel und Erde durchdringender Leib:

> Und alles hat er (Gott) unter seine (Christi) Füße getan und hat ihn gesetzt der Gemeinde zum Haupt über alles, welche sein Leib ist.
>
> (Eph 1,22 f.)

In welchem Sinne im Leib-Christi-Bild Christus und die Kirche zwar offenkundig untrennbar verbunden sind, zugleich aber klar unterscheidbar bleiben, ist in der Theologiegeschichte vor allem zwischen katholischen und evangelischen Theologen intensiv und kontrovers diskutiert worden.

b) Das Volk Gottes – unterwegs durch die Geschichte
Dieses Bild – vor allem bei Lukas, von Paulus und im Hebräerbrief aufgenommen – dokumentiert in besonderem Maße den bleibenden Zusammenhang der Gemeinde Christi mit Israel, dem alttestamentlichen Bundesvolk. Natürlich stellt sich dabei auch die Frage nach dem Verhältnis zwischen der Kirche und dem Volk Israel, nach Kontinuität und Unterscheidung, nachdem nur ein (kleiner) Teil des Volkes Israel zum Glauben an Jesus Christus gekommen ist. Paulus jedenfalls verneint ausdrücklich (und entschiedener als es z. B. bei Matthäus geschieht), dass Gott das Volk seiner ursprünglichen Erwählung verstoßen habe, »denn Gottes Gaben und Berufung können ihn nicht gereuen«. (Röm 11,29) Dennoch hat sich etwas verändert: Die Berufung und Erwählung ist

nicht mehr an eine bestimmte Nationalität gebunden. In der christlichen Gemeinde wird so der Zaun zwischen Juden und Heiden abgebaut und Frieden gestiftet (Eph 2,14; vgl. 1Kor 12,13; Gal 3,28). Und von dieser so gegründeten Gemeinde gilt, dass sie »das heilige Volk, das Volk des Eigentums« ist (1Petr 2,9). Diese Gemeinde Christi ist als Volk Gottes unterwegs. Sie hat hier »keine bleibende Stadt« (Hebr 13,14), wohl aber die Verheißung endgültiger Ruhe (Hebr 4,9). Doch zuvor sollen »alle Völker« Jünger Jesu Christi werden (vgl. Mt 28,19ff.). Die Vision Israels, dass alle Völker zum Tempel Gottes kommen (Mi 4,1ff.), wird aufgenommen und zu einer Vision der Vielen umgestaltet, die zu rufen der Auftrag der Gemeinde Christi ist. Demgemäß widmen sich sowohl die Evangelien als auch die Verfasser vieler neutestamentlicher Briefe der Frage, wie das Miteinander von Christen aus Israel (»Judenchristen«) und Christen aus den anderen Völkern (»Heidenchristen«) theologisch zu verstehen sei.

c) Der »Tempel Gottes« und das »Haus aus lebendigen Steinen«

Dies sind zwei Metaphern, die ein Bauwerk vor Augen stellen, wobei natürlich der Begriff des Tempels hoch aufgeladen ist: In einer Welt voller Tempel aus Stein, aber auch angesichts des durch die Römer zerstörten Jerusalemer Tempels wird die Kirche Jesu Christi als Tempel aus

> »In einer Welt voller Tempel aus Stein wird die Kirche Jesu Christi als Tempel aus Menschen beschrieben.«

Menschen beschrieben: »Wisst ihr nicht, dass ihr Gottes Tempel seid und der Geist Gottes in euch wohnt?« (1Kor 3,16)

Was man sich beim Bau eines Tempels erhoffte, gilt von der Gemeinde: Auch in ihr – gerade in ihr! – wohnt Gott: »Wir aber sind der Tempel des lebendigen Gottes; wie denn Gott spricht: ›Ich will unter ihnen wohnen und wandeln und will ihr Gott sein und sie sollen mein Volk sein.‹« (2Kor 6,16) Auch dort, wo neutraler von einem »Haus« die Rede ist, werden Bezüge zum Tempelkult wichtig: »Und auch ihr als lebendige Steine erbaut euch zum geistlichen Hause und zur heiligen Priesterschaft, zu opfern geistliche Opfer …« (1Petr 2,5).

d) Gottes geordnete »Hausgemeinschaft«

Wenn die Pastoralbriefe (1. und 2. Timotheusbrief, Titusbrief) am Ende des 1. Jahrhunderts von der Kirche als einem Haus sprechen, geht es weniger um ein Bauwerk als um ein wohlgeordnetes Hauswesen und die in ihm geltenden Ordnungen und Regeln. Verdeutlicht wird, »wie man sich verhalten soll im Hause Gottes, das ist die Gemeinde des lebendigen Gottes« (1Tim 3,15). Wenn Gott als Hausherr in den Blick kommt, dann auch die von ihm eingesetzten »Hausverwalter«, die Gemeindeleiter. Hier bemerken wir etwas von einer sich zunehmend verfestigenden Ämterstruktur in den Gemeinden.

e) Die »Herde des Hirten«

Das Volk Gottes als die Herde zu beschreiben, die einem Hirten folgt, hat ebenfalls alttestamentliche Vorbilder – und häufig kritisieren die Propheten die Führer des Volkes, weil sie ihre Hirtenpflicht verletzen. Im Neuen Testament gehört es deshalb zum Bild von der Herde, Christus selbst als »den guten Hirten« (Joh 10) oder den »großen Hirten der Schafe«

(Hebr 13,20) zu beschreiben, der sein Leben für die ihm Anvertrauten lässt.

> Meine Schafe hören meine Stimme, und ich kenne sie und sie folgen mir; und ich gebe ihnen das ewige Leben, und sie werden nimmermehr umkommen, und niemand wird sie aus meiner Hand reißen.
>
> (Joh 10,27 f.)

Hier finden wir eine plastische Beschreibung dessen, was anderswo mit dem Begriff »ekklesia« ausgedrückt wird, der im Johannesevangelium nicht vorkommt.

f) Die »Braut Christi«

Auch wo die Kirche »Braut Christi« genannt wird (Eph 5,23 ff.), wird ein eindrückliches Bild aus dem Alten Testament aufgenommen, das Gottes Verhältnis zu seinem Volk als Ehebund versteht – hier nun bezogen auf den Bräutigam Christus.

»Christsein und Kirche gehören zusammen.«

All diese Metaphern betonen die Zusammengehörigkeit von Kirche und Christus und verbieten es, in der Kirche eine Art Verein zu sehen, zu dem die Christen als Gleichgesinnte aus Gründen der Zweckmäßigkeit zusammenkommen. Für das heutige Nachdenken über die Gestalt der Kirche ist aber zu beachten, dass die neutestamentlichen Bilder und Vergleiche einander ergänzen, korrigieren und auslegen und nicht gegeneinander ausgespielt werden können. Wenn die Kirche der Leib Christi ist oder seine Braut oder der Tempel, in dem Gottes Geist wohnt, zeigt dies, dass »Kirche sein« und »Christ sein« zusammengehören. Zu erklären, wie dies genau zu denken ist, gehört zu den traditionellen Aufgaben der Lehre von der Kirche (Ekklesiologie).

1.5 Was ist die Kirche?

Mit den vielfältigen Bildern, Vergleichen und Begriffen umschreibt das Neue Testament die Beziehung der Kirche zu Gott dem Vater (Volk Gottes), zu Jesus Christus (Leib Christi) und zum Heiligen Geist (Tempel des Heiligen Geistes). So wird deutlich, dass die Gemeinschaft der Kirche ihre Grundlage in der Verbindung mit dem dreieinigen Gott hat, der in sich selbst Gemeinschaft ist. In diesem Sinne ist die Kirche eine menschliche Wirklichkeit, die Anteil am göttlichen Leben hat. Im internationalen Dialog zwischen der römisch-katholischen Kirche und dem Lutherischen Weltbund ist diese Sichtweise aufgenommen worden:

> So wurzelt die Kirche – ob man sie als ›Volk Gottes‹, als ›Leib Christi‹ oder als ›Tempel des Heiligen Geistes‹ betrachtet – in der untrennbaren Gemeinschaft oder Koinonia der drei göttlichen Personen und wird dadurch selbst als Koinonia konstituiert.
>
> (Kirche und Rechtfertigung, Artikel 65, 42)

Im Apostolischen Glaubensbekenntnis (um 200) wird der Begriff »Gemeinschaft« (griechisch: *koinonia*, lateinisch: *communio*) aufgenommen: »Ich glaube ... die heilige, katholische/christliche Kirche, Gemeinschaft der Heiligen«. Im Begriff »Gemeinschaft der Heiligen« schwingt zweierlei mit: Teilhabe an den geistlichen Gaben, die der Christenheit gegeben sind, z. B. das heilige Abendmahl, und die Gemeinschaft der Personen, die durch diese gemeinsame Feier entsteht. Damit wird ausgedrückt, dass die Kirche eine Gemeinschaft ist, die durch die Verbindung mit dem in seinen Gaben gegenwärtigen Christus gebildet und zusammengehalten wird. Natürlich hat die Theologie im Laufe der Jahrhunderte immer wieder über das Wesen der Kirche nachgedacht, aber eine allgemein anerkannte Begriffsbestimmung ist daraus nicht entstanden. Das änderte sich erst, als in der Reformation kritische Fragen an die gegenwärtige Gestalt der Kirche gestellt wurden und die Reformatoren selbst ihre Bemühungen um Erneuerung theologisch darlegen mussten. So kam es 1530 zur Übergabe des Augsburger Bekenntnisses, worin die Reformatoren ihr Verständnis des Evangeliums zusammenfassten und das bis heute für die evangelischen Kirchen grundlegende Bedeutung hat. In diesem Zusammenhang haben sie auch Auskunft darüber gegeben, was sie unter Kirche verstehen:

> Es wird auch gelehrt, dass allezeit eine heilige, christliche Kirche sein und bleiben muss, die die Versammlung aller Gläubigen ist, bei denen das Evangelium rein gepredigt und die heiligen Sakramente laut [gemäß] dem Evangelium gereicht werden.
>
> (Augsburger Bekenntnis, 1530, Artikel 7)

In sachlicher Anknüpfung an das Apostolische Glaubensbekenntnis wird hier über die Kirche ausgesagt, dass sie eine Versammlung, also eine Gemeinschaft von Menschen ist. Und diese Menschen werden als Glaubende beschrieben, als Menschen, die – wie es im Artikel 1 heißt – an den dreieinigen Gott glauben. Diese Gemeinschaft ist dadurch qualifiziert, dass in ihr das Evangelium, also die Botschaft von Jesus Christus, rein, also dem Ursprung gemäß, verkündigt wird und dass die Sakramente entsprechend dem Evangelium gereicht werden. Über Wort und Sakrament wird im Artikel 5 des Augsburger Bekenntnisses Folgendes gesagt:

> **»Wort und Sakrament sind die Mittel, durch die der Heilige Geist den Glauben wirkt.«**

Um diesen Glauben zu erlangen, hat Gott das Predigtamt eingesetzt, das Evangelium und die Sakramente gegeben, durch die er als durch Mittel den Heiligen Geist gibt, der den Glauben, wo und wann er will, in denen, die das Evangelium hören, wirkt.

1.6 Ist die Kirche notwendig?

Indem die Kirche Wort und Sakrament austeilt, ist sie der Raum, in dem der Heilige Geist durch Wort und Sakrament den Glauben weckt und stärkt.

Deshalb gehören Glaube und Kirche zusammen. Die Kirche ist der Ort, wo der Glaube wohnt. Sie ist ein Haus, in dem Glaubende Geborgenheit und Stärkung erfahren; sie hat Türen, um hinauszugehen und wieder heimzukehren, um anderen Menschen zu begegnen, ihnen zu helfen und um sie einzuladen. Diese Doppelbewegung von innen nach außen (»Sendung«) und von außen nach innen (»Sammlung«) ist typisch für das Leben der Kirche.

> **»Die Kirche ist der Raum, in dem der Heilige Geist durch Wort und Sakrament den Glauben weckt und stärkt. Sie ist der Ort, wo der Glaube wohnt.«**

Manche Christen, die mit christlichen Gemeinden oder deren Amtsträgern schlechte Erfahrungen gemacht haben, sagen: Ich kann auch ohne Kirche glauben und Christ sein. Selbstverständlich hat keiner das Recht, solchen Menschen den Glauben abzusprechen – nur Gott allein kann in das Herz sehen –, aber wir können doch die Frage stellen: Wer sorgt dafür, dass die christliche Botschaft durch die Jahrhunderte hindurch weitergegeben wird, so dass Glaube entstehen kann? Wenn es keine Gemeinschaft gäbe, in der die Bibel gelesen, gehört und verkündigt wird, in der Menschen sich über ihre Erfahrungen mit dem Glauben austauschen, in der in sichtbaren Handlungen die Gegenwart Gottes gefeiert wird, dann würde sich der christliche Glaube in wenigen Generationen verflüchtigen. Insofern leben auch die Menschen, die der Kirche kritisch gegenüberstehen, von den Christen, die sich in der Kirche engagieren. Wegen dieser grundlegenden Bedeutung der Kirche für den Glauben nennt Luther sie »die Mutter, die einen jeden Christen zeugt und trägt durch das Wort Gottes« (Großer Katechismus).

1.7 Inwiefern ist die Kirche auch eine Institution?

In der Beschreibung der Kirche als Teilhabe am Leben des dreieinigen Gottes, als Gemeinschaft der Glaubenden, die durch diese Teilhabe lebt, und als Raum, in dem der Heilige Geist durch Wort und Sakrament den Glauben wirkt, sind jeweils zwei Aspekte miteinander verbunden:
– der personale Aspekt: Personen werden im Herzen angerührt und kommen zum Glauben;
– der institutionelle Aspekt: Das Wort wird öffentlich hörbar verkündigt, die Sakramente werden öffentlich sichtbar gefeiert.
Wenn bestimmte Handlungen über einen längeren Zeitraum stattfinden sollen, dann bedarf es hierzu einer gewissen Ordnung. Insofern ist mit der Stiftung von Wort und Sakrament durch Jesus Christus der Kirche von vornherein eine institutionelle Dimension mitgegeben. Die Verbindung von personalen und institutionellen Aspekten gilt für alle

Kirchen, ob sie dies nun theologisch reflektieren oder nicht. Auch »freie Gemeinden«, die stark von der Spontaneität leben, brauchen Orte und Zeiten, an denen sie sich versammeln, haben Menschen, denen bestimmte Aufgaben übertragen sind, und orientieren sich an der Bibel, deren Text durch die Jahrhunderte von der Kirche weitergegeben worden ist. Jede Gemeinschaft, die über einen längeren Zeitraum hin existieren will, ist eine Institution und bildet mit der Zeit gewisse organisatorische Formen aus. Für das lutherische Kirchenverständnis ist im Blick auf den institutionellen Aspekt Folgendes charakteristisch:

> Denn das genügt zur wahren Einheit der christlichen Kirche, dass das Evangelium einträchtig im reinen Verständnis gepredigt und die Sakramente dem göttlichen Wort gemäß gereicht werden. Und es ist nicht zur wahren Einheit der christlichen Kirchen nötig, dass überall die gleichen, von den Menschen eingesetzten Zeremonien eingehalten werden, wie Paulus sagt: »Ein Leib und ein Geist, wie ihr berufen seid zu einer Hoffnung eurer Berufung« (Eph. 4, 4.5).
>
> (Augsburger Bekenntnis, Artikel 7)

Nimmt man die Aussagen des Artikels 5 hinzu, nach dem das »Predigtamt« von Gott eingesetzt ist (lateinisch: *institutum est*), dann ergibt sich für die Frage, inwiefern die Kirche eine Institution ist, folgende Sicht:
– Wort und Sakrament sowie das ihnen dienend zugeordnete kirchliche Amt sind der Kirche als institutionelle Elemente vorgegeben und gehören somit zu ihrem Wesen.
– Formen des Gottesdienstes, des Gemeindelebens und der persönlichen Frömmigkeit, kirchliche Strukturen und Organisationsformen sind nicht von vornherein festgelegt,

sondern in der Bindung an die Heilige Schrift und an das Bekenntnis der Kirche verantwortungsvoll zu gestalten.

In dieser Sicht der Kirche verbinden sich Konzentration auf das Wesentliche und ökumenische Weite im Blick auf Gestaltungen.

Im Artikel 7 des Augsburger Bekenntnisses wird auch gelehrt, »dass allezeit eine heilige, christliche Kirche sein und bleiben muss«. Diese Aussage hat ihre biblische Grundlage in der Zusage Jesu Christi: »Du bist Petrus, und auf diesen Felsen will ich meine Gemeinde bauen, und die Pforten der Hölle sollen sie nicht überwältigen.« (Mt 16,18) Die Kirche ist also eine Größe, die Räume und Zeiten umgreift und der von Jesus Christus verheißen ist, dass sie nicht gänzlich zerstört werden kann. Zu ihr gehören Menschen aller Zeiten und Völker, zu ihr gehören auch die Zeugen des Glaubens, die vor uns gewesen sind und die das Augsburger Bekenntnis unbefangen als »Heilige«, als Beispiele christlichen Glaubens und Lebens bezeichnet (Artikel 21). Mit ihnen sind wir verbunden, wenn wir im Gottesdienst Gott loben: »Heilig, heilig, heilig ist der Herr Zebaoth«.

> **»Wort, Sakrament und das ihnen dienende Amt sind als institutionelle Elemente vorgegeben.«**

1.8 Ist die Kirche sichtbar oder unsichtbar?

Die genannten Erkenntnisse wirken sich aus auf die Frage, in welcher Hinsicht die Kirche sichtbar oder unsichtbar ist. Mit dem Begriffspaar »sichtbar – unsichtbar« unterscheidet der Kirchenvater Augustinus (354–430) die innere und damit unsichtbare Gemeinschaft des Glaubens und des Geistes von der äußeren, sichtbaren Gestalt der Kirche mit ihren Ämtern und Riten. Später hat diese Unterscheidung in den Auseinandersetzungen der Reformationszeit eine Rolle gespielt: Gegenüber der Tendenz, die Kirche mit ihrer hierarchischen Struktur gleichzusetzen, betonte Luther, dass das geistliche Wesen der Kirche nicht gesehen werden kann, sondern verborgen ist; seine Gegner warfen ihm darauf vor, bei ihm sei die Kirche eine rein innerliche und unsichtbare Größe, ein »platonischer Staat«, also etwas rein Ideelles; die Reformatoren wiederum wandten sich gegen diesen Vorwurf, denn die Kirche ist nach lutherischer Auffassung durchaus eine sichtbare Größe mit äußeren Merkmalen. Doch dass diese sichtbare Kirche der Leib Christi ist und dass in ihr der Heilige Geist den Glauben wirkt, das lässt sich mit dem menschlichen Auge nicht erkennen und ist insofern verborgen. Es gibt also nicht zwei verschiedene Kirchen, eine sichtbare und eine unsichtbare, sondern Sichtbarkeit und Verborgenheit sind zwei Seiten derselben Kirche.

»Sichtbarkeit und Verborgenheit sind zwei Seiten derselben Kirche.«

Dieses Miteinander von Sichtbarkeit und Verborgenheit finden wir auch beim Wort und bei den Sakramenten: Sie sind hörbare, sichtbare Vollzüge, aber dass in ihnen Gott gegenwärtig ist und handelt, das ist verborgen und nur mit den Augen des Glaubens erkennbar.

1.9 Wie verhalten sich Kirche und Reich Gottes zueinander?

»Reich Gottes« meint in der Verkündigung Jesu keinen jenseitigen Ort, sondern »Gottes Herrschaft« unter den Menschen: Gott wird alle Verhältnisse grundlegend verändern, so dass er der Herr in allen Bereichen des Lebens ist. Gottes Herrschaft wird sich darin zeigen, dass Gott alle lebensfeindlichen Mächte endgültig überwindet.

Indem Jesus Gott als den verkündigt, der die Verlorenen heimholt und der die Kinder liebt, indem er Kranke heilt und gescheiterte Menschen in seine Gemeinschaft aufnimmt, ist das Reich Gottes schon eine gegenwärtige Realität: »Das Reich Gottes ist mitten unter euch.« (Lk 17,21) Jesus Christus selbst ist in seiner Person die Gegenwart des Reiches Gottes. Doch dies geschieht in dieser Zeit nur punktuell. Deshalb lehrt Jesus seine Jünger im Vaterunser zu beten: »Dein Reich komme«. Weil das Reich Gottes noch nicht vollendet ist, ist es also zugleich eine zukünftige Größe. Auch nach der Auferstehung Jesu lebt die Christenheit in dieser Spannung: Weil Jesus in ihr gegenwärtig ist und handelt, ist das Reich Gottes in verborgener Weise in ihr schon da. Dies zeigt sich z. B., wenn Menschen zu Jesus Christus finden und sich für »Frieden, Gerechtigkeit und Bewahrung der Schöpfung« einsetzen. Zugleich beten Christen darum, dass sich Gottes Herrschaft endgültig durchsetzt, und das geschieht am Ende der Zeit. Weil also die Vollendung des Reiches Gottes noch aussteht, ist die Kirche nicht mit dem Reich Gottes identisch; doch sofern Jesus

> »Jesus Christus ist in seiner Person die Gegenwart des Reiches Gottes.«

Christus durch die Kirche Menschen in seine Gemeinschaft zieht, ist die Kirche in dieser Zeit der Raum, in dem und durch den sich das Reich Gottes ausbreitet.

1.10 Wie wirkt der Heilige Geist in der Kirche?

Wie wir bereits sahen, fasst das Augsburger Bekenntnis die Mittel, durch die der Heilige Geist in der Kirche wirkt, mit dem Begriffspaar »Wort und Sakrament« zusammen. In einer anderen Schrift führt Martin Luther dies näher aus und nennt sieben Merkmale, an denen die Kirche zu allen Zeiten erkannt werden kann:

> »Im Wirken des Heiligen Geistes sind Inneres und Äußeres aufs Engste miteinander verbunden.«

das Wort Gottes, die Taufe, das Abendmahl, den Zuspruch der Vergebung (Beichte), die kirchlichen Ämter, Lob Gottes und Gebet sowie Leiden und Anfechtung (»Kreuz«). Von diesen sieben Kennzeichen, die zugleich den Auftrag der Kirche beschreiben, sagt Luther abschließend: »Dies sind nun die rechten sieben Hauptstücke des hohen Heilmittels, durch das der Heilige Geist in uns eine tägliche Heiligung und Verlebendigung in Christus wirkt.« An einer anderen Stelle fügt Luther hinzu: »durch die gegenseitige brüderliche Aussprache und Tröstung« (Schmalkaldische Artikel, Teil III, Artikel 4).

Was Luther hier beschreibt, würden wir heute »Seelsorge« nennen. Nehmen wir dies alles zusammen, so ergibt sich eine Fülle von Formen, durch die der Heilige Geist in der Kirche wirkt. Im Wirken des Heiligen Geistes sind Inneres und Äußeres aufs Engste miteinander verbunden. Dies entspricht dem Weg, den Gott bei der Menschwerdung seines Sohnes in

Jesus Christus gegangen ist. So wie Gott in Christus das Menschsein angenommen hat, so gebraucht der Heilige Geist äußere Mittel, um innerlich an den Herzen zu wirken. Aus diesem Grunde kann es in der Kirche keinen Rückzug auf reine Innerlichkeit geben, vielmehr wird in den vielfältigen äußeren Formen des Wirkens des Heiligen Geistes gerade die Leiblichkeit von uns Menschen ernst genommen.

1.11 Was glauben wir von der Kirche?

Im Glaubensbekenntnis von Nizäa-Konstantinopel von 381 (Vgl. Ev. Gesangbuch, Anhang) heißt es: »Wir glauben ... die eine, heilige, katholische (allgemeine) und apostolische Kirche«. Dieses Bekenntnis gilt für den größten Teil der Christenheit, auch für die evangelischen Kirchen. Was ist mit diesen Aussagen gemeint?

– *eine Kirche*: Trotz der Vielfalt der Konfessionen bekennen alle Christen, dass die Kirche nur »eine« sein kann, weil sie ihren Grund in dem einen Herren Jesus Christus hat. Die Einheit ist also zuerst eine Gabe Christi an seine Kirche. Dies zeigt sich in der einen Heiligen Schrift, die alle Konfessionen anerkennen, und in der einen Taufe im Namen des Vaters und des Sohnes und des Heiligen Geistes, im gemeinsamen Gebet, dem Vaterunser. Doch diese wurzelhafte Einheit will Gestalt gewinnen in der Gemeinschaft der konkreten Kirchen. Hierum bemüht sich die ökumenische Bewegung.

– *heilige Kirche*: »heilig« meint in der Bibel »zu Gott gehörig«. Weil die Christen durch den Glauben und die Taufe zu Christus gehören und weil sie aus der Vergebung der

Sünden leben, sind sie trotz ihrer Sünden und Unvollkommenheiten »heilig«. Diese geschenkte Heiligkeit soll sich im Leben auswirken – in der Liebe zu Gott und zum Nächsten. Da dies aber immer nur unvollkommen geschieht, gehört es zur Heiligung, Verfehlungen zu erkennen, um Vergebung zu bitten und Vergebung zu gewähren.

> »Weil die Christen durch den Glauben und die Taufe zu Christus gehören und weil sie aus der Vergebung der Sünden leben, sind sie trotz ihrer Sünden und Unvollkommenheiten ›heilig‹.«

– *katholische Kirche*: »katholisch« ist ein griechisches Wort und heißt »auf das Ganze bezogen«. Es geht hierbei also um die Universalität der Kirche, die über die ganze Erde ausgebreitet ist und Menschen aller Völker und Nationen, aller Zeiten, aller sozialen Schichten umfasst. Kurz ausgedrückt: das ganze Evangelium für die ganze Welt zu allen Zeiten. Es ist also ein Widerspruch zum ursprünglichen Sinn des Wortes »katholisch«, wenn es nur für eine einzige Konfession gebraucht wird. Genau dies ist aber in der deutschen Sprache geschehen, wo es sich in der Regel auf die römisch-katholische Kirche bezieht; die evangelischen Kirchen übersetzen dieses Wort daher mit »allgemein« oder »christlich«. Trotz dieser sprachlichen Eigenart verstehen sich auch die evangelischen Kirchen als »katholisch«, also universal. Denn die Reformation verstand sich keineswegs als Gründung einer neuen Kirche, sondern als Bewegung zu ihrer Erneuerung. So beginnt die Sammlung der lutherischen Bekenntnisschriften mit den altkirchlichen Glaubensbekenntnissen und schließt mit einer Sammlung von Zitaten aus der Alten Kirche. Damit verdeutlichen die evangelischen Kirchen, dass sie von Anfang an in der Kontinuität der gesamten Christenheit stehen und keineswegs erst im 16. Jahrhundert gegründet worden sind.

> »Die evangelischen Kirchen stehen in der Kontinuität der ganzen Christenheit.«

– *apostolische Kirche*: Der Grund der Kirche, Jesus Christus, wird für uns greifbar im Zeugnis der Apostel, wie es im Neuen Testament seinen Niederschlag gefunden hat. »Apostolisch« ist die Kirche, weil sie an das ursprüngliche Zeugnis der Apostel bleibend gebunden ist und weil sie die Sendung der Apostel, das Evangelium in die ganze Welt zu tragen, zu allen Zeiten weiterführt. Bei dieser Sendung muss sie das Evangelium aber so zu den Menschen bringen, dass diese es in ihren jeweiligen Situationen verstehen können. Und so ist es eine ständige Aufgabe, die Treue zur biblischen Botschaft mit dem Eingehen auf die jeweilige Situation zu verbinden. Insofern gehören Tradition und Erneuerung in einer dialektischen Spannung zur Kirche.

1.12 Was ist die Aufgabe der Kirche?

Die Kirche ist dazu berufen (vgl. Apg 2,42), die Botschaft des Evangeliums zu hören und zu verkünden (Lehre der Apostel), Gott anzubeten und seine Gegenwart zu erfahren (Gebet und Brotbrechen, d. h. Abendmahl), Gemeinschaft und Fürsorge zu üben (Gemeinschaft). Für die Gestaltung dieser Beru-

> »Die Kirche ist berufen, das Evangelium zu verkünden, Gott anzubeten, Gemeinschaft zu üben und den Menschen zu helfen.«

fung haben sich vier griechische Ausdrücke eingebürgert: Martyria (Zeugnis), Leiturgia (Gottesdienst), Diakonia (Dienst, Fürsorge), Koinonia (Gemeinschaft, Teilhabe).

1.12.1 Martyria

Die Kirche hat den Auftrag, das Evangelium von Jesus Christus vor der Welt zu bezeugen und Menschen zum Glauben einzuladen. Mission gehört also zum Wesen der Kirche. Die Formen hierfür können unterschiedlich sein: Predigten, Vorträge, Glaubenskurse, gegenseitiger Austausch, Gespräche, Berichte über persönliche Glaubenserfahrungen, Bücher und Schriften. Mission geschieht sowohl von innen nach außen als auch von außen nach innen: Christen gehen hinaus in die Welt und verkünden das Evangelium, und Menschen werden angezogen durch das Leben der Christen. Das Zeugnis geschieht nicht nur in Worten, sondern ebenso in Taten, z. B. in konkreter Hilfe; auch die bildende Kunst und die Musik können ein Zeugnis sein. Längst wird die christliche Botschaft auch über die modernen Medien verbreitet: Radio, Fernsehen, Internet. Doch da die christliche Botschaft auch auf Widerspruch trifft, geschieht es, dass Christen wegen ihres Zeugnisses verfolgt werden. Dies bringt der Begriff »Martyrium« zum Ausdruck. Das Zeugnis der Christen gewinnt an Glaubwürdigkeit, wenn Worte und Taten übereinstimmen.

1.12.2 Leiturgia

Die Kirche ist berufen, die Gegenwart Gottes in Wort und Sakrament zu feiern und ihn anzubeten. Das Wort »Leiturgia«, von dem unser Wort »Liturgie« abgeleitet ist, bezeichnet also den gesamten Gottesdienst einschließlich der Verkündigung. Dem Gottesdienst sind zwar vom Neuen Testament her (vgl. Apg 2,42) bestimmte Elemente (Wort, Sakrament, Gemeinschaft, Gebet) vorgegeben, aber diese können in vielfältigen Formen ihren Ausdruck finden. So gibt es heute in vielen Gemeinden neben dem Gottesdienst, der sich an der Tradition orientiert und damit die Verbundenheit mit der Christenheit aller Zeiten und Länder ausdrückt, Gottesdienste in neuer Gestalt, bei denen Ausdrucksformen der zeitgenössischen Kultur einbezogen werden und in denen teilweise ein spontanes Mitwirken möglich ist. Die Beziehung zu Gott ist jedoch nicht auf die Gottesdienste beschränkt, sie soll im gesamten persönlichen Leben des Christen ihren Ausdruck finden, z. B. im Lesen und Betrachten der Bibel, im Gebet mit Anbetung und Dank, Bitte und Fürbitte. Eine Hilfe hierfür sind Zeiten und Räume der Stille, die den Alltag unterbrechen.

1.12.3 Diakonia

Von Anfang an haben die Christen sich gegenseitig unterstützt, für die Armen gesorgt, Kollekten für andere Gemeinden gesammelt und sich so an den ihnen anvertrauten Gaben gegenseitig Anteil gegeben. Gottesdienst, geistliches Leben und soziale Verantwortung gehören also zusammen und dürfen nicht auseinandergerissen werden. Dieses Bewusstsein ist in der Kirche trotz mancher Missstände immer lebendig geblieben. So haben die Klöster im Mittelalter viel für die Entwicklung der Landwirtschaft getan und sich besonders um die Kranken gekümmert, woraus die ersten Hospitäler (Krankenhäuser) entstanden sind. In der Reformationszeit sind gemeinsame Kassen eingerichtet worden, um die Bedürftigen zu unterstützen. Im 19. Jahrhundert sind Gemeinschaften von Diakonissen entstanden, um Kranke und Alte zu pflegen. Die Umbrüche der Industrialisierung führten zur gesellschaftlichen und sozialen Ausgrenzung der Arbeiterschaft und zur Verarmung vieler Menschen. In der »Inneren Mission« versuchte die Kirche, dem entgegenzuwirken und zugleich die Arbeiter und ihre Familien wieder in Kontakt mit dem Glauben zu bringen. Heute bildet die Diakonie einen Grundpfeiler des kirchlichen Lebens, zum einen in den karitativen Einrichtungen (Krankenhäuser, Alten- und Pflegeheime, Beratungsstellen, Sozialstationen usw.), zum anderen in den Gemeinden.

Aus dem diakonischen Auftrag ergibt sich die Konsequenz, in der Gesellschaft und weltweit für soziale Verantwortung, sozialen Ausgleich und gerechte Rahmenbedingungen für alle einzutreten und bei denen zu sein, die für Frieden und gewaltfreie Konfliktbewältigung eintreten.

> **»Aus dem diakonischen Auftrag ergibt sich die Konsequenz, für eine menschliche Wirtschaftsordnung, für Gerechtigkeit und sozialen Ausgleich einzutreten.«**

Im Jahr 1997 formulierten der Rat der Evangelischen Kirche in Deutschland und die katholische Deutsche Bischofskonferenz in einem gemeinsamen Wort zur wirtschaftlichen und sozialen Lage in Deutschland:

Die christliche Nächstenliebe wendet sich vorrangig den Armen, Schwachen und Benachteiligten zu. So wird die Option für die Armen zum verpflichtenden Kriterium des Handelns.

(Für eine Zukunft in Solidarität und Gerechtigkeit, Gemeinsame Texte 9, 1997, Nr. 105)

Eine diakonische Kirche macht Ernst mit der Einsicht, dass die Welt zu Christus gehört und Christus den Christen vorausgeht zu denen, die ihn brauchen.

1.12.4 Koinonia

Die Gemeinschaft, die in der Teilhabe an Jesus Christus gegründet ist – genau dies ist der Sinn des griechischen Wortes »koinonia« –, bezieht sich auf alle Bereiche und Ebenen des kirchlichen Lebens. Sie gilt für die Beziehung der Christen untereinander in einer Gemeinde ebenso wie für unterschiedliche Gruppen innerhalb einer Kirche. Diese Gemeinschaft drückt sich einerseits in der Offenheit für Menschen unterschiedlicher Bildung und sozialer Herkunft und mit unterschiedlicher Frömmigkeit und Lebenserfahrung aus sowie in der Bereitschaft, die Geschichte anderer zu achten, Schwachen beizustehen und Fragenden zuzuhören. So wird die Kirche für viele anziehend und die Gemeinde zu einem Ort, wo man sich wohlfühlen kann. Andererseits erleben Christen, wie sie auch in den Gemeinden anderer Länder und Konfessionen selbstverständlich willkommen sind. Seit Langem schon bieten vielfältige Gruppen die Möglichkeit zum Austausch über Fragen des Glaubens, zur Arbeit an Projekten und zur Pflege der Gemeinschaft. In neuerer Zeit gewinnen Hauskreise an Bedeutung – überschaubare Gruppen, die in Privatwohnungen zusammenkommen. Sie werden oft wegen des vertrauensvollen Miteinanders, aber auch wegen einer dichten geistlichen Atmosphäre geschätzt. Hauskreise erinnern zwar auch an die Anfänge der Kirche (vgl. Apg 2,46 f.), bilden aber anders als Hauskirchen keine selbständigen Gemeinden.

> »Hauskreise werden oft wegen des vertrauensvollen Miteinanders, aber auch wegen einer dichten geistlichen Atmosphäre geschätzt.«

Weiterhin vollzieht sich Koinonia in der Gemeinschaft der Gemeinden innerhalb einer regionalen Kirche (Landeskirche, Bistum) wie in der Gemeinschaft der regionalen und nationalen Kirchen untereinander – sowohl innerhalb der eigenen Konfession als auch mit anderen Konfessionen. Ja, das Ziel der ökumenischen Bewegung ist die Koinonia aller Kirchen weltweit. Dann wäre die Christenheit eine »Gemeinschaft von Gemeinschaften«. Die Pflege der Gemeinschaft auf den unterschiedlichen Ebenen setzt zum einen die Anerkennung der Unterschiedenheit voraus und ist zum andern auf die gegenseitige Bereicherung und Ergänzung ausgerichtet.

Dietrich Bonhoeffer hat an die Wurzeln solcher Koinonia erinnert:

Christliche Gemeinschaft heißt Gemeinschaft durch Jesus Christus … Es gibt keine christliche Gemeinschaft, die mehr und keine, die weniger wäre als diese … Wir gehören einander allein durch und in Jesus Christus.

(Gemeinsames Leben, 1938)

1.13 Welche Gestalt hat die Kirche?

1.13.1 Gestalten der Kirche

In den ersten vier Jahrhunderten des Christentums haben sich vier Sozialgestalten der Kirche herausgebildet: die Ortsgemeinde, die universale Kirche (beide werden im Neuen Testament mit dem Wort »Ekklesia« bezeichnet), die regionale Kirche (Partikularkirche) und geistliche Gemeinschaften (Orden, Klöster, Kommunitäten).

a) Die *Ortsgemeinde* ist die konkrete Versammlung von Christen an einem Ort um Wort und Sakrament. Weil Jesus Christus in ihr wie in allen anderen Gemeinden gegenwärtig ist, ist sie ihrem Wesen nach Kirche und zugleich notwendig mit allen anderen Ortsgemeinden verbunden. In ihr stellt sich die Gesamtkirche örtlich dar.

b) Die *universale Kirche* bestand in den ersten Jahrhunderten in der Gemeinschaft von bischöflich verfassten Ortskirchen, hatte aber keine übergreifende organisatorische Gestalt. Die mittelalterliche Kirche sah das Papsttum als Garanten ihrer universalen Einheit an. Die Reformation verstand sich als Erneuerungsbewegung innerhalb der Kirche und hat deshalb nur zögernd eigene kirchliche Strukturen ausgebildet; diese bezogen sich auf bestimmte Regionen, universal war lediglich das gemeinsame Bekenntnis der jeweiligen Konfession. Die römisch-katholische Kirche, die sich früher als identisch mit der Kirche Christi verstand (»est«), sieht sich seit dem Zweiten Vatikanischen Konzil (1962–1965) als die Gemeinschaft, in der die

> **»Die Reformation hat nur zögernd eigene kirchliche Strukturen ausgebildet.«**

universale Kirche konkrete Gestalt gewinnt (»subsistit in«), erkennt aber das Wirken des Heiligen Geistes auch in anderen »Kirchen und Kirchlichen Gemeinschaften« an. Ein großer Teil der anderen Kirchen hat sich in konfessionellen Weltbünden zusammengeschlossen und stellt sich auf diese Weise als weltweite Kirchengemeinschaft dar (z. B. der Lutherische Weltbund, die Weltgemeinschaft Reformierter Kirchen, die Anglikanische Gemeinschaft, die Weltkonferenz der Methodisten, der Baptistische Weltbund), die orthodoxen Kirchen gestalten ihre Einheit durch gegenseitig vollzogene Kirchengemeinschaft. So gibt es noch keine Gestalt der universalen Kirche, die alle Christen umfassen würde; doch versteht sich der Ökumenische Rat der Kirchen als Wegbereiter für eine universale Gemeinschaft der Kirchen.

c) Die *Partikularkirche* ist eine Gemeinschaft von Gemeinden in einer lokal umgrenzten Region. Ansätze hierfür gibt es bereits im Neuen Testament (vgl. 1Kor 16,1). Heute finden wir unterschiedliche Formen von Partikularkirchen: Bistümer (Diözesen), Landeskirchen, nationale Kirchen, regionale Zusammenschlüsse von bekenntnisgleichen oder bekenntnisverschiedenen Kirchen.

d) *Geistliche Gemeinschaften* (Orden, Klöster, Kommunitäten): »An der Wende vom dritten zum vierten Jahrhundert entstand schließlich eine vierte Sozialgestalt von Kirche, die später unter der Bezeichnung Orden bzw. Kloster begrifflich zusammengefasst wurde ... Neutestamentliche Analogien zum späteren christlichen Ordenswesen lassen sich durchaus im Zusammenleben der Jünger und Jüngerinnen des irdischen Jesus finden (Lk 8,1–3). Orden bzw. Klöster sind darum eine legitime Sozialgestalt auch der evangelischen Kirche.« (Votum des Rates der EKD, »Verbindlich leben«)

Obwohl die Reformation die meisten Klöster abgeschafft hatte, regte sich auch in den evangelischen Kirchen immer wieder der Wunsch nach einem vertieften geistlichen Leben in Gemeinschaft. So entstanden im 18. und 19. Jahrhundert Erweckungsbewegungen, aus denen z. B. die Herrnhuter Brüdergemeine, die Landeskirchlichen Gemeinschaften und der CVJM hervorgegangen sind. Kommunitäres Leben entwickelte sich im 19. Jahrhundert in den Diakonissengemeinschaften. Die großen Umbrüche im 20. Jahrhundert führten zur Entstehung von neuen Bruderschaften und Kommunitäten, z. B. das Schniewindhaus in Schönebeck bei Magdeburg und die Christusbruderschaft Selbitz/Ofr. als Orte von Stille und Gebet, Verkündigung und persönlicher Seelsorge.

> **»Die Kirche verwirklicht sich in unterschiedlichen Sozialgestalten: in der Ortsgemeinde, in der universalen Kirche, in der regionalen Kirche und in geistlichen Gemeinschaften.«**

1.13.2 Tradition und Erneuerung

Die Gestalten der Kirche dienen dazu, das Evangelium durch die Jahrhunderte zu tragen, und deshalb können wir für diese Gefäße dankbar sein. Dennoch ist es in der Geschichte der Kirche immer wieder geschehen, dass Formen erstarrt sind. Wo dies erkannt und empfunden wurde, ist der Ruf nach Erneuerung laut geworden. Der Heilige Geist hat auf diesen Ruf in vielfältiger Weise geantwortet: Beispiele hierfür sind:

– die Wüstenväter, Mönche, die im 3. und 4. Jahrhundert in einer Zeit großer kirchlicher Veränderungen als Seelsorger wirkten;

- Benedikt von Nursia, der Vater des abendländischen Mönchtums;
- Franz von Assisi, der zu Anfang des 13. Jahrhunderts eindringlich an den Ruf Jesu in die Nachfolge erinnerte und den Franziskanerorden gründete;
- die Reformation im 16. Jahrhundert, die trotz der schmerzlichen Spaltung zur Erneuerung der Kirche – letztlich auch der römisch-katholischen – geführt hat;
- Ignatius von Loyola, Theresa von Avila und Johannes vom Kreuz, die neue Impulse für Betrachtung, Gebet und Seelsorge gaben;
- der Pietismus und unterschiedliche Erweckungsbewegungen im 18. und 19. Jahrhundert mit ihrer Sehnsucht nach lebendigem Christsein und persönlicher Glaubensentscheidung;
- die Wiederentdeckung des diakonischen Auftrages zur Mitte des 19. Jahrhunderts.

Im 20. Jahrhundert wurden die liturgische Bewegung, deren Anliegen konfessionsübergreifend die Liebe zum Gottesdienst und das Verständnis der Liturgie war, und die charismatische Bewegung mit ihrer besonderen Aufmerksamkeit für die Gaben des Heiligen Geistes, die Aktion Sühnezeichen, die Menschen nach dem Zweiten Weltkrieg zu Schritten der Versöhnung führte, die Friedensbewegung in Europa und die Basisgemeinden in Lateinamerika, die Kommunität von Taizé mit ihrer großen Anziehungskraft auf junge Menschen wie auch weitere neue Kommunitäten und ökumenische Netzwerke wie »Miteinander für Europa«, auf ihre je eigene Weise Mittel der Erneuerung der Kirche.

Erneuerungsbewegungen haben es zuweilen an sich, dass sie einen Aspekt der christlichen Lehre oder des Lebens betonen, der vorher vernachlässigt worden ist. Dies kann eine gewisse Einseitigkeit mit sich bringen. Wo die Erneuerungsbewegung aber in der Kirche angenommen und in sie integriert wird, da wirkt sie sich segensreich für viele Generationen aus.

»Die Kirche braucht Tradition und Erneuerung, Einheit und Vielfalt.«

1.13.3 Vielfalt der Konfessionen

Im Bemühen, die apostolische Botschaft treu zu bewahren und zugleich auf die Herausforderungen der jeweiligen Zeit zu antworten, ist es zu ernsthaften Auseinandersetzungen gekommen. Dieses Ringen um die Wahrheit – nicht selten vermischt mit mangelndem gegenseitigen Verstehen und mit Streben nach Macht – hat zu Spaltungen und selbständigen Konfessionskirchen geführt, bei denen dann jeweils bestimmte Aspekte des christlichen Erbes besonders betont wurden.

a) So sieht die *römisch-katholische Kirche* den Papst zusammen mit den Bischöfen als Garant für die Einheit und Kontinuität der Kirche sowie für das Bleiben in der Wahrheit. Das reiche sakramentale Leben begleitet die Gläubigen in allen Situationen und bestärkt sie in der Gewissheit, zu dem universalen Leib Christi zu gehören, der die irdische Kirche und die Heiligen im Himmel umgreift.

b) Die *orthodoxen Kirchen* sehen sich durch die Achtung der Tradition, durch das Hereinragen der Ewigkeit im Gottesdienst sowie durch das Bemühen um Heiligung, besonders in den Klöstern, als die apostolische Kirche, die das Erbe der Väter durch die Jahrhunderte am treuesten bewahrt.

c) Die *lutherischen Kirchen* verbinden in ihrem Kirchenbegriff die Konzentration auf das Evangelium von der rechtfertigenden Gnade Gottes mit einer Weite in den Gestaltungen des kirchlichen Lebens.

d) Die *reformierten Kirchen,* die ihre wesentlichen Impulse von Zwingli und Calvin empfangen haben, legen Wert auf eine schlichte Gestalt des Gottesdienstes und betonen die Eigenverantwortung der Gemeinden sowie die Auswirkung des Glaubens auf die Gesellschaft.

e) In der *anglikanischen Kirche* verbindet sich die Betonung der Kontinuität, zum Beispiel im Bischofsamt und in der Liturgie, mit reformatorischen Impulsen.

f) *Freikirchen* sind meist aus Erweckungen hervorgegangen, die in den traditionellen Kirchen keinen genügenden Raum hatten. So unterschiedlich sie sind, so sind ihnen doch die Glaubensentscheidung des Einzelnen und die Orientierung an einem urchristlichen Gemeindebild gemeinsam. Weil kleine Kinder noch keine Entscheidung treffen können, lehnen viele Freikirchen (außer der Evangelisch-methodistischen Kirche) die Kindertaufe ab.

g) *Pfingstbewegungen* betonen wie die anderen Freikirchen die Glaubensentscheidung des Einzelnen und legen Wert auf die konkrete Erfahrung des Heiligen Geistes, wie sie sich in den Charismen – auch den auffälligeren wie Glossolalie (Zungenrede), Prophetie und Heilungsgaben – zeigt.

In der *ökumenischen Bewegung* bemühen sich die unterschiedlichen Konfessionen, ihre Spaltungen zu überwinden und der Einheit, die in Christus ihre Wurzel hat, eine konkrete Gestalt zu geben – durch Gemeinschaft in der Verkündigung, in den Sakramenten und im Dienst. Die ökumenische Bewegung hat mehrere Ebenen: das Zusammenleben in den Gemeinden, Treffen von Kirchenleitungen, Dialoge auf

der theologischen Ebene, Netzwerke ökumenischer Basisgruppen, Miteinander geistlicher Bewegungen.

Für alle Ebenen und Gestalten der Kirche sowie für alle
Konfessionen gilt (vgl. 1Kor 12,4–6): Sowohl die Vielfalt als
auch die Einheit sind von Gott gewollt und müssen deshalb
auch im Leben der Kirche verwirklicht werden.

1.14 Wie gehen wir mit den Schwächen der Kirche um?

> Der Kahn Petri wird von Nieten zusammengehalten.
> (Karl Rahner, katholischer Theologe, 1904–1984)

Wer den Weg der Kirche durch die Geschichte betrachtet,
der wird Unterschiedliches feststellen: Beispiele von furcht-
losem Glauben und hingebungsvoller Nächstenliebe – doch
auch Missbrauch von Macht und Geld, Verfolgung Anders-
denkender. Die Erfahrung dieser Spannung zwischen dem
hohen Auftrag der Kirche und dem faktisch oft dahinter zu-
rückbleibenden Verhalten hat immer wieder zu Kritik An-
lass gegeben – sowohl innerhalb der Kirche als auch von außen. Solche Kritik ist durchaus berechtigt, und sie hat auch
zur Selbstkorrektur der Kirche geführt, beispielsweise im
Stuttgarter Schuldbekenntnis von 1945, in dem die Evangelische Kirche versucht hat, ihr Versagen während der Zeit
des Nationalsozialismus zu bekennen, oder im Bekenntnis,
das Papst Johannes Paul II. im Jahr 2000 ablegte und in dem
er u. a. die Schuld gegenüber der Einheit der Kirche, gegenüber Israel und gegenüber anderen Religionen beim Namen
nannte.

Doch werden wir dieser Spannung niemals ganz entgehen, weil die Kirche aus Menschen besteht, die schuldig werden. Deshalb gehört die Bereitschaft zur Umkehr und die Bitte um Vergebung sowohl zum Leben der Kirche als auch zu dem der einzelnen Christen. Angesichts der genannten Spannung ist es gut, dass die Glaubwürdigkeit der christlichen Botschaft nicht von der Vollkommenheit der Personen abhängt, sondern vom Auftrag und der Verheißung Gottes. Wie gehen wir mit der Spannung zwischen der Botschaft und dem menschlichen Verhalten um?

– Zunächst einmal sollte sich jeder Christ klarmachen, dass er selbst an dieser Spannung Anteil hat. Ich lebe davon, dass zur Kirche fehlbare, sündige Menschen gehören. Ich kann dankbar sein, dass mir immer wieder die Vergebung angeboten wird, und ich kann lernen, Vergebung zu gewähren.

– Wer mit Luther bedenkt, dass die Kirche unsere Mutter ist, der wir das Wort Gottes und damit den Glauben verdanken, der wird sie trotz ihrer Schwächen lieben. Mit den Augen der Liebe bekommt er einen Blick für ihre Schätze: die Freude, die das Evangelium vermittelt; die Schönheit der Gottesdienste; die Gemeinschaft unterschiedlicher Menschen; den Mut, mit dem Christen für ihren Glauben eintreten – auch wo sie unterdrückt werden; den Dienst der Nächstenliebe; das Vorbild der Heiligen; die Treue vieler Gemeindeglieder im Gebet; die Werke der Musik und der bildenden Kunst, die aus dem Glauben heraus geschaffen wurden.

> **»Wer bedenkt, dass die Kirche unsere Mutter ist, wird sie trotz ihrer Schwächen lieben.«**

– Liebe zur Kirche bedeutet nicht Kritiklosigkeit. Im Gegenteil: Wer seine Kirche liebt, der möchte dazu beitragen, dass sie ihren Auftrag erfüllt und einladend auf andere Menschen wirkt. Eine Kritik, die aus der Bejahung der Kirche folgt, kann sich in der Mitwirkung am Gemeindeleben und in der Übernahme von Verantwortung – auch in kirchlichen Gremien – zeigen.

Zusammenfassung

Die Kirche hat ihre Grundlage im Wirken, Sterben und Auferstehen Jesu Christi. Sie ist die Gemeinschaft aller, die an Christus glauben, und damit zugleich der Raum, in dem der Heilige Geist durch die Verkündigung des Evangeliums und die Feier der Sakramente den Glauben weckt und stärkt. Sie ist der Ort, wo der Glaube wohnt. Sie ist deshalb für die Weitergabe der Botschaft notwendig. Personale Gemeinschaft und institutionelle Formen, Sichtbarkeit von Wort und Sakrament und Verborgenheit des Glaubens sind jeweils zwei Seiten der einen Kirche. Von Christus her ist die Gemeinschaft der Glaubenden die eine, heilige, katholische und apostolische Kirche; zugleich hat sie die Aufgabe, diese ihre Merkmale konkret zu leben und zu gestalten. Sie ist dazu berufen, das Evangelium in Wort und Tat zu bezeugen (Martyria), die Gegenwart Gottes zu feiern (Leiturgia), den Menschen zu helfen und zu dienen (Diakonia) und Gemeinschaft auf allen Ebenen zu pflegen (Koinonia). In ihren Gestalten als Ortsgemeinde, universale und regionale Kirche sowie in ihren geistlichen Gemeinschaften verbinden sich Vielfalt und Einheit. Sie ist auf die Treue zur Tradition und zugleich auf die Offenheit für Erneuerung angewiesen.

Literaturhinweise:

Communio Sanctorum. Die Kirche als Gemeinschaft der Heiligen, 2. Aufl., Paderborn/Frankfurt a. M. 2000.

Helmut Fischer, Einheit der Kirche? Zum Kirchenverständnis der großen Konfessionen, Zürich 2010.

Wolfgang Huber, Kirche in der Zeitenwende, Gütersloh 1999.

Ulrich Kühn, Kirche, 2. Aufl., Gütersloh 1990.

Jürgen Moltmann, Kirche in der Kraft des Geistes, 2. Aufl., Gütersloh 2010.

Jürgen Roloff, Die Kirche im Neuen Testament, Göttingen 1993.

Dorothea Sattler, Kirche(n), Paderborn 2013.

Unser Glaube. Die Bekenntnisschriften der evangelisch-lutherischen Kirche. Ausgabe für die Gemeinde, 5. Aufl., Gütersloh 2004.

2 Ämter und Dienste in der Kirche

2.1 Welche Rolle spielen die Apostel?

Jesus Christus selbst ist nach dem Neuen Testament der vom Vater Gesandte, der Beauftragte des Vaters. Er soll den Menschen Gottes Zuwendung verkündigen und das Volk Israel sammeln und erneuern. Hierzu ruft er Menschen in seine Nachfolge. Aus ihnen wählt er zwölf aus, damit sie bei ihm

> »Apostel sind diejenigen, denen der auferstandene Christus sichtbar begegnet ist und die er berufen hat, seine Botschaft zu bezeugen.«

seien. Er sendet sie, das Evangelium zu verkündigen, und gibt ihnen Anteil an seiner Vollmacht (Mk 3,14–19). Die Zwölf repräsentieren hier die zwölf Stämme des Volkes Israel, das Jesus zu seiner von Gott gesetzten Vollendung bringen will.

Nach Ostern erscheint der Auferstandene den Zwölfen sowie weiteren Personen und beruft sie zu seinen Sendboten (vgl. 1Kor 15,3 ff.). Diese berufenen Zeugen des Auferstandenen werden »Apostel« genannt. Ein Apostel ist einer, dem der auferstandene Christus sichtbar begegnet ist und den er berufen hat, die Botschaft von Jesus Christus zu bezeugen. Das Wort »Apostel« heißt so viel wie »Gesandter« (2Kor 5,20), der Apostel ist also rechtlich und persönlich der Repräsentant seines Auftraggebers Jesus Christus. So verkörpern die Apostel zum einen den Rückbezug auf das, was Gott in Jesus Christus zum Heil der Menschen getan hat, und zum andern den Auftrag, diese Botschaft in die ganze Welt hinauszutragen.

Der Kreis der Apostel ist also größer als der Kreis der Zwölf, erst bei Lukas werden die Zwölf mit den Aposteln identifiziert, so dass dann in der Tradition von den »zwölf Aposteln« gesprochen wird.

2.2 Was heißt »allgemeines Priestertum«?

Durch den Dienst der Apostel entsteht die Gemeinschaft derer, die an Jesus Christus glauben und ihn als ihren Herrn anerkennen, also die Kirche. Durch die Verkündigung der Botschaft von Christus, durch die Taufe und den Glauben werden die Christen in den Leib Christi eingegliedert.

In Anknüpfung an das Alte Testament (Jes 43,20 f.; 2 Mose 19,6) werden im 1. Petrusbrief Ehrentitel Israels auf die Kirche angewandt:

> Ihr aber seid das auserwählte Geschlecht, die königliche Priesterschaft, das heilige Volk, das Volk des Eigentums, dass ihr verkündigen sollt die Wohltaten dessen, der euch berufen hat von der Finsternis zu seinem wunderbaren Licht.
>
> (1 Petr 2,9).

Diese Worte, die den neugetauften Christen zugesprochen wurden, drücken Folgendes aus:
– Die Getauften sind Glieder des Volkes Gottes und haben als Priester in Glauben und Gebet unmittelbar Zugang zu Gott.
– Sie sollen sich Gott mit ihrem ganzen Leben zur Verfügung stellen: im Dienst an anderen Menschen, in der Hilfe für die Armen, in der tätigen Liebe – das ist ihr Opfer.
– Sie sollen die Wohltaten Gottes verkündigen, also das Evangelium weitergeben.

Hingabe an Gott und den Nächsten – das ist der Dienst des Priestertums aller Gläubigen (»allgemeines Priestertum«). Weil das Recht, priesterlich vor Gott zu treten, in der Taufe gründet, kann man vom »Priestertum aller Getauften« sprechen; weil dieses Recht im Glauben in Anspruch genommen wird, kann

> **»Das allgemeine Priestertum vollzieht sich, wenn jeder dem anderen mit seiner Gabe dient.«**

man vom »Priestertum aller Gläubigen« sprechen. Es vollzieht sich, wenn jeder dem anderen mit seiner Gabe dient: »Dient einander, ein jeder mit der Gabe, die er empfangen hat, als die guten Haushalter der mancherlei Gnade Gottes.« (1Petr 4,10) Von einer Konkurrenz zum kirchlichen Amt oder gar von einem Gegensatz hierzu ist im Neuen Testament nicht die Rede (vgl. 1Petr 5,1–4).

2.3 Wie hat sich das kirchliche Amt entwickelt?

a) Im Neuen Testament
Zur Zeit des Neuen Testaments gibt es keine einheitliche Struktur in allen Gemeinden. In Gemeinden, in denen das spontane Wirken der verschiedenen Gemeindeglieder vorherrscht (vgl. 1Kor 12–14), kommt unter den charismatischen Diensten denen der Apostel, Propheten und Lehrer eine grundlegende Bedeutung zu (1Kor 12,28). Daneben gibt es Gemeinden mit einer klaren Verteilung der Funktionen auf bestimmte hierfür berufene Personen. In judenchristlichen Gemeinden griff man auf das Amt der Gemeindeältesten (Presbyter), wie es aus dem damaligen Judentum bekannt war, gerne zurück. In anderen Gemeinden bildeten

sich Ämter mit anderen Bezeichnungen, z. B. »Bischöfe und Diakone« (Phil 1,1). Später verbanden sich diese Strukturen, wobei noch kein Unterschied zwischen den Aufgaben des Bischofs und denen der Presbyter erkennbar ist. Die zentrale Aufgabe blieb dabei immer, die Verkündigung und das Gemeindeleben gemäß der apostolischen Tradition zu gestalten.

> »Ämter dienen der Zurüstung aller zum Dienst in der Kirche.«

Im Epheserbrief werden die Ämter als Gaben Christi verstanden: Christus »hat einige als Apostel eingesetzt, einige als Propheten, einige als Evangelisten, einige als Hirten und Lehrer, damit die Heiligen zugerüstet werden zum Werk des Dienstes« (Eph 4,11). Apostel und christliche Propheten sind das Fundament der Kirche (Eph 2,20); ihr Dienst setzt sich fort in den Hirten und Lehrern. Einmalig sind die Apostel als Zeugen des Auferstandenen und als Gewährsleute der ursprünglichen Verkündigung; wiederholbar ist der Dienst, der sich auf Verkündigung, Taufe, Abendmahl und Gemeindeleitung bezieht.

b) In der Geschichte der Kirche

Gegen Ende des 1. Jahrhunderts bildet sich aus diesen Ansätzen eine Struktur des kirchlichen Amtes, die sich nach und nach in allen Gemeinden durchsetzt: Der Bischof leitet die Gemeinde durch Predigt, Taufe und Abendmahl; die Presbyter (hiervon ist das deutsche Wort »Priester« abgeleitet) unterstützen ihn darin; die Diakone sorgen für die Verteilung der Gemeindegaben an Hilfsbedürftige, versehen aber zugleich bestimmte Funktionen im Gottesdienst und nehmen am Amt der Verkündigung teil (Apg 6–8). Die Gemeinde wählt aus ihrer Mitte diejenigen aus, die ein Amt bekleiden sollen. Die Übertragung des Amtes erfolgt im Gottesdienst durch Gebet und Handauflegung. Bei der Einsetzung eines Bischofs wirken die Nachbarbischöfe mit, so kommt die Gemeinschaft der verschiedenen Gemeinden untereinander zum Ausdruck. Für den Dienst der öffentlichen Verkündigung und der Verwaltung der Sakramente gebrauchte die Alte Kirche den griechischen Begriff *diakonia* (lat.: *ministerium* = Dienst). Die Kirche hat im Übergang zu den westlichen Provinzen dafür das keltische Wort *ampaht* (= Dienst) aufgenommen. Daraus entstand das deutsche Wort »Amt«.

Im Laufe der Kirchengeschichte drangen in das Verständnis vom Amt alttestamentliche Gedanken ein: Bischöfe und Presbyter galten nun als Priester in dem Sinne, dass sie das Volk, die »Laien«, vor Gott vertreten und das »Messopfer« – so wurde das heilige Abendmahl verstanden – darbringen. Dieser Mittlerstellung des Klerus entsprach eine Entmündigung der Gemeinde.

Gegen die Klerikalisierung des Amtes und vor allem gegen die Vorstellung eines Opferpriestertums protestierten die Reformatoren. Alle Christen sind Priester, alle haben das Recht, vor Gott zu treten mit Gebet und Opfer, alle haben die Pflicht, »auszurufen die Macht dessen, der sie berufen hat« (Luther). Alle Christen haben den Heiligen Geist empfangen und sind deshalb »Geistliche« – nicht nur die Amtsträger.

2.4 Wie verstehen die evangelischen Kirchen das Amt?

Die Kirche hat den Auftrag, Menschen die frohe Botschaft von Gottes Liebe in Christus zu verkündigen und sie so zum Glauben zu rufen.

> Um diesen Glauben zu erlangen, hat Gott das Predigtamt eingesetzt, das Evangelium und die Sakramente gegeben, durch die er als durch Mittel den Heiligen Geist gibt, der den Glauben, wo und wann immer er will, in denen, die das Evangelium hören, wirkt, das da lehrt, dass wir durch Christi Verdienst, nicht durch unser Verdienst, einen gnädigen Gott haben, wenn wir das glauben.«
>
> (Augsburger Bekenntnis, Artikel 5)

Weil der Heilige Geist durch Wort und Sakrament den Glauben weckt und stärkt, ist es notwendig, dass Wort und Sakrament in der Kirche ständig und öffentlich angeboten werden und dass dieser Dienst auch institutionell und liturgisch gestaltet wird.

> Vom Kirchenregiment (kirchlichen Amt) wird gelehrt, dass niemand in der Kirche öffentlich lehren und predigen oder die Sakramente reichen soll ohne ordnungsgemäße Berufung.
>
> (Augsburger Bekenntnis, Artikel 14)

»Der Dienst der öffentlichen Verkündigung und der Verwaltung der Sakramente ist für die Existenz der Kirche notwendig.«

Im privaten Bereich ist es Aufgabe aller Christinnen und Christen, Gottes Botschaft weiterzusagen und seine Nähe fühlbar werden zu lassen; in der Öffentlichkeit der Gemeinde und des Gemeinwesens ist dies die Aufgabe von Menschen, die berufen, gesegnet und gesendet werden, das Wort Gottes öffentlich zu verkünden und die ihrem Wesen nach öffentlichen Sakramente zu verwalten. An dieser Berufung sind sowohl die Amtsträger als auch die Gemeinden beteiligt. Diese Berufung ist im Sendungsauftrag Christi an die Apostel verwurzelt und notwendig für die Existenz der Kirche:

> Nun lehren die Unseren so, dass die Gewalt der Schlüssel oder der Bischöfe nach dem Evangelium eine Gewalt und ein Befehl Gottes ist, das Evangelium zu predigen, Sünden zu vergeben und zu behalten und die Sakramente zu reichen und zu verwalten. Denn Christus hat die Apostel mit diesem Befehl Joh 20 ausgesandt: »Gleich wie mich mein Vater gesandt hat, so sende ich euch auch. Nehmt hin den Heiligen Geist!«
>
> (Augsburger Bekenntnis, Artikel 28).

Seit dem 19. Jahrhundert bis heute gibt es eine Diskussion um Luthers Deutung des geistlichen Amtes. Der Reformator hat sich nie umfassend zu diesem Problem geäußert, sondern seine Position immer nur in Auseinandersetzung mit anderen Ansichten verteidigt, zum einen mit der römisch-katholischen und zum andern mit derjenigen der so genannten Täufer. In beiden Frontstellungen hielt er an der großen Bedeutung des geistlichen Amtes fest:

– Auf der einen Seite steht bei ihm das Priestertum aller Gläubigen im Vordergrund; grundsätzlich ist das von Gott eingesetzte Predigtamt der Kirche allen Christen gemeinsam gegeben. Die öffentliche Ausübung jedoch ist an die Berufung durch die Gemeinde gebunden.
– Auf der anderen Seite betont Luther, dass das kirchliche Amt auf einer Stiftung Christi beruhe und nicht aus dem Priestertum aller Getauften ableitbar sei.

Beide Aspekte bilden für Luther keinen Gegensatz, sondern sind miteinander verbunden:

> ... Zum fünften erkennt man die Kirche äußerlich daran, dass sie Diener der Kirche weiht oder beruft oder Ämter hat, die sie bestellen soll. Denn man muss Bischöfe, Pfarrer oder Prediger haben, die öffentlich und insgeheim die oben genannten vier Stücke oder Heilmittel geben, reichen und ausüben, wegen der Kirche und in ihrem Namen, noch viel mehr aber aufgrund der Einsetzung Christi.
>
> (Von den Konzilien und Kirchen, 1539)

Vor dem Hintergrund der genannten Argumentationslinien bei Luther wird auch das Augsburger Bekenntnis unterschiedlich interpretiert. Diese Kontroverse wirkt sich auf die ökumenische Diskussion und bis in das gegenwärtige Gemeindeleben hinein aus, z. B. dort, wo es um die Verhältnisbestimmung von Pfarramt und Gemeinde geht. Sieht man jedoch die Aussagen der lutherischen Bekenntnisschriften zusammen, dann ergibt sich, dass sowohl der Dienst der gesamten Kirche als auch die besondere Berufung von einzelnen Personen im Sendungsauftrag Christi verwurzelt sind. So besteht Übereinstimmung darin, dass das Amt der öffentlichen Verkündigung und das der Sakramentsverwaltung für die Existenz der Kirche notwendig ist. Entscheidend ist immer, so die Worte eines katholischen Theologen, »ob wir Amt und Autorität so ins Spiel bringen, dass andere aufatmen, das Haupt erheben, ihre Begabungen entfalten, ein Bewusstsein ihrer Würde, ein Zutrauen zu ihren Fähigkeiten entwickeln können« (Paul Zulehner, Das Gottesgerücht, 6. Aufl., Düsseldorf 1989, 75).

2.5 Wie werden Menschen in das Amt berufen?

Die Voraussetzung dafür, dass eine Theologin oder ein Theologe ein Pfarramt übernehmen kann, ist – nach einer erfolgreich durchlaufenen theologischen Ausbildung – die Ordination: ein Gottesdienst, in dem die Berufung, Segnung und Sendung in das Amt der öffentlichen Wortverkündigung und der Sakramentsverwaltung vollzogen wird. Dabei wird an die neutestamentlichen Anfänge des geistlichen Amtes erinnert, der Kandidat legt das Versprechen ab, das Amt gemäß der Heiligen Schrift und dem Bekenntnis der Kirche zu führen; die Gemeinde tritt bei Gott fürbittend für ihre Pfarrerin bzw. ihren Pfarrer ein.

> **»Die Ordination geschieht unter Gebet und Handauflegung durch eine Person im bischöflichen Amt, sie wird von Männern und Frauen empfangen.«**

Schließlich wird ihm durch Gebet und Handauflegung die Gabe des Heiligen Geistes für seinen Dienst zugesprochen. Die Ordination nimmt der Bischof oder ein von ihm beauftragter Träger des kirchenleitenden Amtes vor. Die Ordination ist keine Amtseinführung in den Dienst an einer einzelnen Gemeinde. Sie steht vielmehr am Anfang der Dienstzeit des Ordinierten und bleibt lebenslang gültig.

Frühe neutestamentliche Zeugnisse machen deutlich, dass Frauen in unterschiedlichen Ämtern und Diensten gewirkt haben. Dennoch war das Amt sowohl im katholischen als auch im evangelischen Bereich lange Zeit ausschließlich Männern vorbehalten. Die Ordination von Frauen wurde erst durch einen Meinungsbildungsprozess ermöglicht, der vor dem Hintergrund der gesellschaftlichen Veränderungen des 20. Jahrhunderts neutestamentliche Einsichten wiederentdeckte. Hierzu zählt, was Paulus in Gal 3,28 sagt: »Hier ist nicht Jude noch Grieche, hier ist nicht Sklave noch Freier, hier ist nicht Mann noch Frau; denn ihr seid allesamt einer in Christus Jesus.«

In der Frage der Frauenordination gibt es jedoch weiterhin Differenzen sowohl zwischen den Konfessionen als auch innerhalb von ihnen: Sie wird von den orthodoxen Kirchen wie vom Lehramt der römisch-katholischen Kirche weiterhin strikt abgelehnt, allerdings unter katholischen Theologen und Gemeindegliedern durchaus für möglich und sinnvoll gehalten.

> »Die Beauftragung von Prädikanten ist eine Berufung zur öffentlichen Verkündigung und zur Sakramentsverwaltung im begrenzten Bereich.«

In den letzten Jahrzehnten hat sich ein Dienst herausgebildet, bei dem Christen aus unterschiedlichen Berufen ehrenamtlich an der öffentlichen Verkündigung des Evangeliums mitwirken: der Dienst des Prädikanten. Dadurch, dass sie die Erfahrungen aus ihren unterschiedlichen Lebensbereichen in die Verkündigung einbringen, stellen Prädikanten eine Bereicherung für die Verkündigung des Evangeliums dar. Wie verhält sich ihr Dienst zum Amt der öffentlichen Wortverkündigung und der Sakramentsverwaltung? Nach einem längeren Diskussionsprozess hat sich die Erkenntnis durchgesetzt, dass es sich bei dem Dienst der Prädikanten um eine Form der Berufung gemäß Artikel 14 des Augsburger Bekenntnisses handelt. Der Unterschied zwischen ihnen und den Pfarrern ist also nicht theologischer, sondern kirchenrechtlicher Natur: Während Pfarrer das Amt mit all seinen Funktionen lebenslang ausüben, erhalten Prädikanten einen konkret begrenzten Auftrag. Trotz dieser Gemeinsamkeit im geistlichen Amt halten es die Kirchenleitungen für sinnvoll, zwischen der Ordination als Berufung zum Amt in seinem gesamten Umfang (Pfarrer) und der Beauftragung zur begrenzten Wahrnehmung des Amtes (Prädikanten) begrifflich zu unterscheiden.

Auch Lektoren, die Gottesdienste leiten und dabei eine Predigtvorlage verwenden, wirken an der öffentlichen Verkündigung des Evangeliums mit und bereichern das gottesdienstliche Leben ihrer Gemeinden. Sie üben ihren Dienst unter der Verantwortung der Pfarrer aus.

2.6 Wozu gibt es das bischöfliche Amt?

Die lutherische Kirche versteht das Amt, für das sie ordiniert, als das *eine* Amt der öffentlichen Wortverkündigung und der Sakramentsverwaltung. Auch das Amt der Bischöfin oder des Bischofs wird als eine besondere Ausprägung dieses einen Amtes verstanden. Es hat die Funktion der geistlichen Leitung einer Kirche in einer Region als einer Gemeinschaft von Gemeinden. Zu seinen Aufgaben gehören: Dienst an der Einheit sowohl im Blick auf die eigene Konfession als auch in der Gemeinschaft der Ökumene sowie Ordination und Visitation.

> **»Das bischöfliche Amt ist ein Dienst an der Einheit der Kirche – sowohl im Blick auf die eigene Konfession als auch im Blick auf die Ökumene.«**

Das Bischofsamt bleibt im Rahmen dieser Aufgabe auf andere Organe der Kirchenleitung angewiesen, insbesondere auf die Synode, die aus Ordinierten und Nichtordinierten besteht. Die Synode wählt den Bischof, die Bischöfe der

Nachbarkirchen führen ihn in einem Gottesdienst mittels Gebet und Handauflegung in sein Amt ein. Bischöfliche Funktionen werden auch von Amtsträgern wahrgenommen, die nicht den Titel »Bischof« tragen: von Landessuperintendenten, Prälaten, Pröpsten, in manchen Gegenden auch von Superintendenten. In einigen unierten Landeskirchen werden die bischöflichen Aufgaben einem »Präses« oder einem »Kirchenpräsidenten« übertragen.

2.7 Welche weiteren Dienste und Ämter prägen das Leben der Kirche?

In der alten Kirche gab es eine Vielfalt von kirchlichen Aufgaben, Diensten und Ämtern; später kam es zu einer gewissen Monopolstellung des Pfarramtes. Heute haben sich angesichts der Differenzierungen des kirchlichen Lebens neue Ämter gebildet – teils in Anknüpfung an altkirchliche Vorbilder. Viele von ihnen erfordern besondere Ausbildungen und haben so eigene Berufsprofile entwickelt:

– *Diakone* arbeiten mit Kindern, Jugendlichen und anderen Zielgruppen, sie wirken im Gottesdienst mit und sind in Diakonie, Seelsorge und Verwaltung tätig.

– Im schulischen Unterricht, in Christenlehre und Jugendarbeit treffen wir auf *Religionspädagogen, Gemeindepädagogen* und *Jugendreferenten*.

– *Kirchenmusiker* sind für die musikalische Gestaltung der Gottesdienste verantwortlich, sie leiten Kantoreien, Kinder- und Jugendchöre und sprechen durch Konzerte und die Einladung zum gemeinsamen Singen auch viele kirchenferne Menschen an.

- *Erzieherinnen,* die sich auch der religiösen Bildung von Kindern widmen, sind in kirchlichen Kindertagesstätten und Horten tätig.
- *Sozialpädagogen* und *Sozialarbeiter* arbeiten meist in Einrichtungen der Diakonie, in den Regionen und Gemeinden, in sozialen Projekten und in unterschiedlichen Bereichen der Beratung.
- *Kirchner* (Küster, Mesner) tragen Verantwortung für Kirchen und kirchliche Gebäude, kümmern sich um den Schmuck der Gotteshäuser und bereiten die Gottesdienste vor.
- *Pfarramtssekretärinnen* sind in der Verwaltung tätig und oft die ersten Ansprechpartner, wenn Menschen einen Kontakt zur Kirche suchen.

Für manche dieser Dienste gibt es gottesdienstliche Einsegnungs- oder Einführungshandlungen. Die Vielfalt dieser Dienste und Ämter zeigt den Reichtum der Begabungen in der Kirche und die Vielgestaltigkeit ihres Lebens. Zusammen mit den Pfarrern und vielen Ehrenamtlichen erfüllen sie alle den Auftrag der Kirche in dieser Welt, bezeugen in ihrem Bereich und auf ihre Weise das Evangelium und gestalten die Kirche als eine »Zeugnis- und Dienstgemeinschaft«.

2.8 Welche Bedeutung hat das Ehrenamt in der Kirche?

Engagement ohne Bezahlung – »um Christi willen« – ist eine der Wurzeln der Kirche und gehört zu den selbstverständlichen Wesenszügen der frühen Gemeinden. Vor allem die neutestamentlichen Briefe geben davon Zeugnis. Nur allmählich wurden in den wachsenden Gemeinden bezahlte »Stellen« eingerichtet. Mehr und mehr wurden vor allem die Schlüsselaufgaben Hauptamtlichen übertragen, während das ehrenamtliche Engagement weitgehend auf Hilfsdienste und Unterstützung in Notsituationen beschränkt oder im diakonischen Bereich konzentriert wurde. Erst im 19. Jahrhundert kam es, wie in der Gesellschaft auch, in der Kirche zu vielfältigen Aufbrüchen, sei es in der Gestaltung des Gottesdienstes, sei es in der Arbeit mit Kindern und Jugendlichen, sei es in Diakonie, Seelsorge und sozialem Engagement.

> »Engagement ohne Bezahlung – ›um Christi willen‹ – ist eine der Wurzeln der Kirche.«

Auch in anderen Kirchen nahm das Interesse am und die Aufmerksamkeit für das Ehrenamt zu. Gerade durch das Zweite Vatikanische Konzil haben auch in der römisch-katholischen Kirche Ehrenamtliche neu Ermutigung erfahren. Dort ist vom »gemeinsamen Priestertum aller Gläubigen« die Rede und davon, dass jeder Gläubige »auf besondere Weise am Priestertum Christi teilnimmt« (Dogmatische Konstitution über die Kirche Lumen Gentium, 2).

Am Beginn des 21. Jahrhunderts lassen sich Veränderungen hinsichtlich der Motivation zum Ehrenamt und bei der Gestaltung ehrenamtlicher Tätigkeit beschreiben. Wie überall in der Gesellschaft ist auch bei Ehrenamtlichen in der Kirche das Interesse an Selbstentfaltung verstärkt wahrzunehmen. Das bringt es mit sich, dass ehrenamtlich Tätige stärker als früher eigene Interessen im Blick haben und ein zeitlich begrenztes, klar umrissenes Engagement einer umfassenden Bindung an eine Organisation vorziehen. Doch auch ein sich veränderndes Ehrenamt fußt auf der Bindung an Jesus Christus und entfaltet die vielfältigen Gaben des Heiligen Geistes.

Ehrenamtlich Engagierten begegnen wir in der evangelischen Kirche in allen Bereichen, obwohl auch in den Kirchen der Reformation Hauptamtlichkeit und die Tätigkeit in Schlüsselpositionen noch häufig zusammenfallen. Wegen der Verbindung von Leitung des Gottesdienstes, weiterer Leitungsaufgaben, besonders intensiver theologischer Ausbildung, der Präsenz in kirchlichen Netzwerken und des vergleichsweise leichten Zugangs zu Informationen kann dies im Falle des Pfarramtes zu einer missverständlichen Dominanz führen und dazu, dass die Pfarrerschaft als ein hervorgehobener Stand innerhalb der Kirche aufgefasst wird.

»Ein partnerschaftliches Zusammenwirken von Haupt- und Ehrenamtlichen ist für die Kirche notwendig.«

Die Möglichkeit, Pfarrer oder Pfarrerin im Ehrenamt zu sein, deutet freilich in manchen Landeskirchen auf kommende Veränderungen hin, Veränderungen, die mittelfristig sowohl die Wahrnehmung und das Erscheinungsbild des Pfarramtes überhaupt als auch das Miteinander aller Ämter und Dienste im Haupt- wie im Ehrenamt betreffen werden. Wichtige Wirkungsfelder Ehrenamtlicher sind:

– leitende Aufgaben in den Gemeinden, auf der mittleren und gesamtkirchlichen Ebene;
– Verkündigung und Liturgie (z. B. Kindergottesdienst, Predigt, Katechetik, Mitwirkung in und Leitung von Gottesdiensten);
– Gottesdienstvorbereitung (z. B. Kirchnerdienste);
– pädagogische und erwachsenenpädagogische Arbeit (z. B. Kinder- und Jugendarbeit; Hauskreisleitung);

– Diakonie (z. B. Altenhilfe, Hospizarbeit);
– Jugendarbeit (mit Konfirmanden, in Jungen Gemeinden und in Vereinen);
– Seelsorge (z. B. Besuchsdienste; Telefonseelsorge);
– Publizistik (z. B. Homepage, Gemeindebriefe, Schaukasten).

Die Kirchenmusik lebt seit Langem vom ehrenamtlichen Engagement vieler. In Kirchenbauvereinen setzen sich Christen und Nichtchristen gemeinsam für den Erhalt von Kirchen ein. Auch der Einsatz für Gerechtigkeit, Frieden und Bewahrung der Schöpfung ist ohne Ehrenamtliche in unterschiedlichsten Initiativen, Basisgruppen und Arbeitskreisen undenkbar.

Das Verhältnis von »Hauptamt« und »Ehrenamt« bezieht sich auf die Frage der beruflichen Stellung und der Besoldung und darf deshalb nicht mit dem Verhältnis von »Amt« und »Gemeinde« vermischt oder verwechselt werden. Grundsätzlich kann jedes kirchliche Amt einschließlich des Bischofsamtes auch ehrenamtlich versehen werden. Mittelfristig wird es in unseren Kirchen auf ein gutes Zusammenwirken von Haupt- und Ehrenamtlichen ankommen, das sich immer mehr als ein partnerschaftliches Miteinander auf Augenhöhe darstellen wird. Ehrenamtliche zu ermutigen, zu begleiten, zu bilden und in ihrem Dienst zu koordinieren, wird in vielen Gemeinden ein wichtiges und grundlegendes Arbeitsfeld sein. Die notwendige Förderung der Ehrenamtlichen geschieht zwar in den Augen vieler nur aus Not, tatsächlich aber ist dies der Weg, um aus partieller Verwirklichung von Kirche zu einer größeren Fülle zu gelangen.

2.9 Wie verhalten sich allgemeines Priestertum und Amt zueinander?

In der spätmittelalterlichen Kirche schien aus dem Dienst mit Wort und Sakrament eine Herrschaft über die Seelen geworden zu sein. Die Reformation entdeckte demgegenüber die neutestamentliche Einsicht wieder, dass alle Christen ein priesterliches Volk bilden.

Als Haupthindernis für die Verwirklichung des allgemeinen Priestertums erwies sich die Verquickung der evangelischen Kirchen mit dem Staat. Doch gab es in der Geschichte immer wieder auch Bewegungen, die das allgemeine Priestertum zur Geltung brachten: im Pietismus, in den Erweckungsbewegungen des 19. Jahrhunderts, in vielfältigen Laienbewegungen (z.B. Christlicher Verein junger Menschen [CVJM], Jugendverbände, Evangelische Akademien, Deutscher Evangelischer Kirchentag, Evangelisches Männerwerk, Evangelische Frauenarbeit, Frauenfrühstückstreffen, Weltgebetstag, Evangelische Orden und Bruderschaften, Hauskreise usw.) eröffnen sich Möglichkeiten, das Evangelium in unterschiedliche Lebensbereiche zu tragen, Gemeinschaft im Glauben zu pflegen und die vielfältigen Gaben der einzelnen Christen einzubringen. Seit Mitte des 19. Jahrhunderts haben die Gemeindeglieder auch die Möglichkeit, Kirchenvorstände und Synoden zu wählen. So sind sie zusammen mit dem öffentlichen Amt an der Leitung der Kirche beteiligt.

Wie verhält sich das allgemeine Priestertum zum öffentlichen Amt? Im Dialog mit der römisch-katholischen Kirche hat die lutherische Seite hierzu ausgeführt:

Während die Verkündigung des Evangeliums untereinander Sache aller Christen ist, setzt die Verkündigung in der Öffentlichkeit der Kirche – das heißt die öffentliche mündliche Verkündigung und die Verwaltung der ihrem Wesen nach öffentlichen Sakramente Taufe und Abendmahl – voraus, dass ein Christ zu diesem Dienst im Auftrag Christi von der Kirche berufen, gesegnet und gesandt wird.

(Lehrverurteilungen im Gespräch, Göttingen 1993, 142)

Das allgemeine Priestertum ist Voraussetzung und Rahmen für alle Dienste in der Kirche. Amtsträger sind nicht dazu da, alles selber zu machen, sondern viel mehr »die Heiligen zuzurüsten zum Dienst« (Eph 4,12), also die Gaben der anderen Gemeindeglieder zu entdecken, sie zu ermutigen und sie in das gesamte Leben der Gemeinde zu integrieren. Deshalb verwirklicht sich das allgemeine Priestertum auch nicht etwa im Dienst der Ehrenamtlichen im Unterschied zu dem der Hauptamtlichen. Vielmehr geschieht beides auf der Grundlage des allgemeinen Priestertums, zu dem alle Christen durch die Taufe berufen sind.

2.10 Wie wird die Kirche geleitet?

In der Gemeinde wird die Gemeinschaft der Christen untereinander und mit Christus konkret greifbar und erlebbar. Daneben gibt es übergeordnete und die Gemeinde ergänzende Strukturen und Einrichtungen. Sie dienen der Koordination und der Leitung der Kirche, dem Austausch und der Einheit der Gemeinden. Hierbei sind zwei Ebenen zu unterscheiden:

»Die Kirche wird gemeinsam von Ordinierten und Nichtordinierten geleitet.«

– Auf landeskirchlicher Ebene treffen Synoden, Kirchenleitungen und Bischöfe Entscheidungen, welche die Gesamtheit der Gemeinden in einer Landeskirche angehen. Sie
tragen gemeinsam Verantwortung für die Lehre der Kirche, die Gottesdienstordnung, die Ausbildung der Mitarbeiter sowie für Personalfragen im Sinne einer Gesamt-
aufsicht. Sie sollen dafür sorgen, dass alle Gemeinden eine
vergleichbare gemeinsame Grundlage haben.

– Große Institutionen wie die Landeskirchen brauchen zudem dezentrale Strukturen auf der mittleren Ebene, wie
Kirchenkreise und Kirchenbezirke, Dekanate, Propsteien
und dergleichen, um in der jeweiligen Region präsent zu
sein und auf die jeweilige Situation flexibel reagieren zu
können. Hier liegt der Schwerpunkt in der Koordination
der Zusammenarbeit der Pastoren, der Aufsicht, der Begleitung der Mitarbeiterschaft und in baulichen und wirtschaftlichen Entscheidungen.

Es ist charakteristisch für evangelische Kirchenverfassun-
gen, dass die Kirche gemeinsam von Ordinierten und Nichtordinierten geleitet wird. Dies zeigt sich auf allen Ebenen: im
Miteinander von Kirchenvorstand und Pfarrer auf der mittleren Ebene, auf der landeskirchlichen Ebene im Miteinander von Bischof, Synode und Kirchenleitung. Trotz dieser
gemeinsamen Verantwortung haben manche Gemeindeglieder den Eindruck, die Leitungsorgane berücksichtigten nicht
genug, was die »Basis« denkt. Welche Möglichkeiten bestehen hier?

– für die Verantwortlichen beten;
– eigene Erfahrungen einbringen;
– Fragen stellen und den Dialog suchen;
– Gesichtspunkte von Schrift und Bekenntnis einbringen;

– Mitarbeit anbieten – auch in Gremien;

– sich gemeinsam engagieren;

– den Dienst der Leitung achten und ehren.

Damit die Kirche ihren Auftrag erfüllen kann, bedarf es zudem »priesterlicher Menschen«, die überall in der Gemeinde anzutreffen sind. Was einen »priesterlichen Menschen« charakterisiert, hat Karl Barth im Blick auf den schwäbischen Pfarrer Johann Christoph Blumhardt ausgeführt:

> Gottes Sache in der Welt vertreten und doch nicht gegen die Welt Krieg führen, die Welt liebhaben und doch Gott ganz treu sein – mit der Welt leiden und für ihre Not das offene Wort haben, aber darüber hinaus gleichzeitig das erlösende Wort von der Hilfe, auf das sie wartet – die Welt emportragen zu Gott und Gott hinein in die Welt – ein Anwalt der Menschen sein bei Gott und ein Bote Gottes, der Frieden bringt an die Menschen – vor Gott und zu Gott unablässig und unverwirrt flehen: Dein Reich komme! und mit den Menschen »warten und eilen« diesem Kommen entgegen.

2.11 Welche Rolle spielt das Amt in der ökumenischen Diskussion?

Unterschiede im Verständnis des Amtes sind ein wichtiger Grund dafür, dass zwischen der römisch-katholischen Kirche und den evangelischen Kirchen bisher keine Kirchengemeinschaft und damit auch keine Gemeinschaft im Abendmahl besteht. Doch auch hier haben sich Annäherungen ergeben. So kam der internationale Dialog des Lutherischen Weltbundes mit der römisch-katholischen Kirche zu folgenden gemeinsamen Aussagen (1981), die bisher allerdings noch nicht offiziell rezipiert (d. h. angenommen) worden sind:

Grundlegend für das rechte Verständnis des Amtes ist es für Lutheraner und Katholiken, dass das Amt sowohl gegenüber der Gemeinde wie in der Gemeinde steht. Insofern das Amt im Auftrag und als Vergegenwärtigung Jesu Christi ausgeübt wird, steht es der Gemeinde in Vollmacht gegenüber: »Wer euch hört, der hört mich« (Lk 10,16). Die Vollmacht des Amtes darf deshalb nicht als Delegation der Gemeinde verstanden werden. So können unsere Kirchen heute gemeinsam sagen, dass die wesentliche und spezifische Funktion des ordinierten Amtsträgers darin besteht, die christliche Gemeinschaft durch die Verkündigung des Wortes Gottes sowie durch die Feier der Sakramente zu sammeln und zu erbauen und das Leben der Gemeinschaft in seinen liturgischen, missionarischen und diakonischen Bereichen zu leiten.

Auch hinsichtlich des Bischofsamtes und der apostolischen Sukzession (Weitergabe des bischöflichen Amtes von den Aposteln an) gibt es Annäherungen: Lutheraner bejahen das Bischofsamt und können die Weitergabe dieses Amtes als Zeichen der Kontinuität und Einheit der Kirche positiv würdigen, aber sie

> **»Lutheraner bejahen das Bischofsamt, aber es ist keine notwendige Bedingung für das Kirche-Sein.«**

sehen darin – im Unterschied zur römisch-katholischen Kirche – keine notwendige Bedingung für das Kirche-Sein.

Zusammenfassung

Durch den Dienst der Apostel ist die Gemeinschaft der Glaubenden entstanden: die Kirche. Alle Christen bilden miteinander ein priesterliches Gottesvolk, in dem einer dem anderen mit seinen Gaben dient (allgemeines Priestertum).

Damit Wort und Sakrament, durch die der Heilige Geist den Glauben weckt und stärkt, ständig und öffentlich angeboten werden, hat sich aus dem Dienst der Apostel das kirchliche Amt entwickelt. Die Berufung zu diesem für die Kirche notwendigen Amt der öffentlichen Verkündigung und der Sakramentsverwaltung geschieht unter Gebet und Handauflegung durch eine Person im bischöflichen Amt an Männern und Frauen in der Ordination (Pfarrer und Pfarrerinnen) sowie in der Beauftragung (Prädikanten und Prädikantinnen). Das bischöfliche Amt ist eine besondere Ausprägung des *einen* Amtes der Kirche: es dient der Einheit der Kirche sowohl im Blick auf die Gemeinden untereinander als auch im Blick auf die gesamte Christenheit. Das Bischofsamt nimmt seine leitenden Funktionen im Miteinander mit synodalen Organen wahr. Am Leben und Dienst der Kirche nehmen alle Glieder der Kirche teil. Hierbei kommt dem Ehrenamt eine grundlegende Bedeutung zu.

Literaturhinweise:

Reinhard Frieling, Amt, Göttingen 2002.

Michael Klessmann, Das Pfarramt. Einführung in Grundfragen der Pastoraltheologie, Neukirchen-Vluyn 2012.

Reiner Marquard, Glauben leben – Kirche gestalten – Gottesdienst feiern. Ein theologischer Leitfaden für das Ehrenamt, Stuttgart 2004.

»Ordnungsgemäß berufen«, Texte aus der VELKD 136, Hannover 2006.

3 Die Taufe

Die Taufe gibt es, seit es Christen gibt. Was wissen wir über ihre Ursprünge, über das Taufverständnis im Neuen Testament, über Theologie und Praxis der Taufe in der Geschichte der Kirche und bei den Reformatoren? Welche Fragen beschäftigen uns heute im Zusammenhang mit der Taufe?

3.1 Woher kommt die Taufe?

> Gelobt seist Du, mein Herr, für Schwester Wasser. Sie ist sehr nützlich und demütig und kostbar und keusch.
>
> (Franz von Assisi, Sonnengesang, um 1225)

In vielen Kulturen und Religionen wurden und werden rituelle Handlungen mit Wasser zur Reinigung, zur Initiation oder zur Gottesdienstvorbereitung praktiziert. Solche Wasser-Riten waren auch vor dem Auftreten Jesu von Nazareth bekannt. Rituelle Waschungen waren im Judentum der Zeit Jesu bei vielen Gelegenheiten vorgeschrieben, und Menschen, die zum Judentum übertreten wollten, mussten sich seit dem 1. Jahrhundert v. Chr. einem Tauchbad (Proselytentaufe) unterziehen, was in der rabbinischen Theologie als Zeichen für den Übergang in ein neues Leben gedeutet wurde. Man wird diesen Brauch sicher zur Vorgeschichte der christlichen Taufe rechnen dürfen. Wichtiger für deren Entstehung war indes das Wirken des Täufers Johannes. Johannes spendete am Jordan eine einmalige Taufe, zu der er ganz

Israel aufrief. Sie zielte auf Buße und die Sammlung eines gereinigten Volkes der Endzeit.

Zwischen dem Ende des Wirkens des Täufers und der Bildung der Urgemeinde in Jerusalem lagen wohl nur Monate. Bedenkt man zudem, in welchem Maße sich die Christen Johannes verbunden wussten, ist es durchaus naheliegend, eine Verbindung von Johannestaufe und Taufe auf den Namen Jesu Christi zu vermuten. Dazu passt, dass die Schilderungen der Taufe Jesu durch Johannes in den Evangelien alle Züge der christlichen Taufe aufweist: Vorhandensein eines Täufers, Wasserbad, Geistempfang und Zuspruch der Gotteskindschaft (Mk 1,9–10). Nach dem Matthäusevangelium ist es der auferstandene Christus, der die Jünger und damit die Gemeinde beauftragt zu taufen: »Darum gehet hin und machet zu Jüngern alle Völker: Taufet sie auf den Namen des Vaters und des Sohnes und des Heiligen Geistes.« (Mt 28,19) An diesen »Taufbefehl« wird in jedem Taufgottesdienst erinnert.

> »Das Wirken Johannes des Täufers war wichtig für die Entstehung der Taufe.«

3.2 Was sagt das Neue Testament über die Taufe?

Die Taufe in der Urgemeinde, gespendet im und auf den Namen Jesu (Apg 10,48), bedeutete das Zurücklassen des bisherigen Lebens und den Eintritt in ein neues Leben (Initiation). Sie ist Ausdruck der vollzogenen Umkehr (Apg 2,38), verbunden mit der Ausgießung des Geistes (ebd.) mit dem Ergebnis der Eingliederung in die Gemeinde (Apg 2,41). Paulus geht in seinen Briefen davon aus, dass alle seine christlichen

Leser getauft sind. Die neutestamentlichen Zeugnisse stimmen darin überein, dass Christen in ihrer Taufe die Vergebung der Sünden und die Gabe des Heiligen Geistes erhalten (Apg 2,38), der nun fortan ihr Leben lenken und leiten will:

> Als aber erschien die Freundlichkeit und Menschenliebe Gottes, unseres Heilandes, machte er uns selig – nicht um der Werke der Gerechtigkeit willen, die wir getan hatten, sondern nach seiner Barmherzigkeit – durch das Bad der Wiedergeburt und Erneuerung im heiligen Geist.«
>
> (Tit 3,4f.)

Dies geschieht durch die sakramentale Hineinnahme der Täuflinge in das Christusgeschehen, genauer in das Geschehen von Kreuz und Auferstehung:

> So sind wir ja mit ihm begraben durch die Taufe in den Tod, damit, wie Christus auferweckt ist von den Toten durch die Herrlichkeit des Vaters, auch wir in einem neuen Leben wandeln. Denn wenn wir mit ihm verbunden und ihm gleich geworden sind in seinem Tod, so werden wir ihm auch in der Auferstehung gleich sein.
>
> (Röm 6,4–5)

Die Taufe verändert das Leben eines Menschen grundsätzlich: »Ist jemand in Christus, so ist er ein neues Geschöpf« (2Kor 5,14). Für die ersten Christen hatte die Taufe zugleich große Bedeutung für die persönliche Lebensführung. So sind z. B. fast alle ethischen Anweisungen des Neuen Testaments letztlich in der Taufe begründet: Wer in der Taufe Christus »angezogen« hat (Gal

»Wer getauft wird, wird in das Geschehen von Kreuz und Auferstehung Christi hineingenommen.«

3,27), wird aufgefordert, auch in seinem Lebenswandel den Herrn Christus »anzuziehen« (Röm 13,14; vgl. Gal 5,25). Die Taufe ermöglicht und bringt aus sich hervor ein neues Ethos, und durch die Betonung der Gnade wird keineswegs alles beliebig. Die Kirche insgesamt als die Gemeinschaft der Getauften wird bald an dieser anderen Lebensweise erkannt.

So ergibt sich als Bedeutung und Wirkung der Taufe: die Verbindung mit Christus, die Vergebung der Sünden, die Gabe des Heiligen Geistes, die Eingliederung in der Kirche und die Ermöglichung eines dem Willen Gottes gemäßen Lebens.

3.3 Wie wurde die Taufe in der Alten Kirche vollzogen?

Das Neue Testament berichtet, dass »ganze Häuser«, also umfassende Sozialverbände, die Taufe begehrten (Apg 16,15; 18,8: 1Kor 1,16). Da zu den Häusern auch Kinder gehörten, sehen manche Ausleger hier einen Hinweis auf die Kindertaufe. In der Kirche des frühen 3. Jahrhunderts ging der Taufe ein dreijähriger Taufunterricht (Katechumenat) voraus. Der Taufgottesdienst wurde feierlich begangen und mündete selbstverständlich in eine Abendmahlsfeier – auch für die Kinder und Säuglinge (für sie »sollen die Eltern sprechen«). Dass tatsächlich nicht nur Erwachsene getauft wurden, wird man kaum bestreiten können. Wichtig ist aber, zu sehen, dass der liturgische Ablauf mit Bekenntnis des Glaubens nebst dem Bekenntnis der Sünden und der Absage an den Teufel im Blick auf Erwachsene und eher nicht im Blick auf Säuglinge und kleine Kinder konzipiert ist.

Nach der Aufwertung des Christentums im 4. Jahrhundert und dem damit verbundenen Zulauf setzte sich im 5. Jahrhundert die Säuglingstaufe flächendeckend durch. Vieles spricht dafür, dass dies mit der Überzeugung zu tun hatte, dass jeder Mensch ganz unabhängig von seinen subjektiven Entscheidungen in einen Unheilszusammenhang (»Erbsünde«) hineingeboren werde, der ihn von Gott trennt. Immer mehr Menschen sahen die Gefahr, dass Neugeborene in Sünde sterben könnten. Davor sollte sie eine frühe Taufe bewahren. Zunächst war das Taufen Sache der Bischöfe. Doch angesichts des zunehmenden Wunsches nach möglichst geburtsnaher Taufe von Kindern wurden auch die Presbyter (»Pfarrer«) mit der Taufe beauftragt. Nach innerkirchlichen Streitigkeiten ging man bald davon aus, dass eine Taufe *im Namen des Vaters und des Sohnes und des Heiligen Geistes* allgemein anzuerkennen sei – unabhängig von der Person des Taufenden und seiner Eignung. Dies wurde im Mittelalter dann allgemeine Lehre: Eine Taufe, die mit der rechten Taufformel, mit der rechten Materie (Wasser) und in rechter Absicht gespendet wird, ist gültig. Auf dieser Grundlage konnten und können bis heute ansonsten getrennte Kirchen untereinander die Taufe anerkennen.

> **»Die Gültigkeit der Taufe hängt am Vollzug gemäß der Einsetzung durch Christus und nicht an der Würdigkeit derer, die taufen.«**

3.4 Wie kam es zur Aufgliederung der Taufe?

Um die Sinntiefe des Taufgeschehens umfassender abzubilden und wohl auch um die christliche Taufe von verwandten Riten der Umwelt hinreichend zu unterscheiden, traten ab dem 2. Jahrhundert zum Untertauchen mit Wasser (»Taufimmersionen«) die Handauflegung und vor allem vielerorts die Salbung mit Öl hinzu. Die Salbung stand dabei für die mit der Taufe verbundene Geistverleihung: »Der Geist des Herrn ist auf mir, weil der Herr mich gesalbt hat.« (Jes 61,1) Ab dem 5. Jahrhundert hatte die Taufhandlung allgemein diese Gestalt: Taufbad-Ritus zur Geistverleihung – Taufkommunion.

Anders als in der Ostkirche trat im Westen diese Komplexität auseinander, vor allem, nachdem die Taufe mit Wasser den Priestern übertragen wurde, die Salbung zur Geistverleihung aber den Bischöfen vorbehalten blieb. Die Taufe wurde zum »Doppelsakrament« und allmählich bürgerte sich im Westen ein Mindestalter von sieben Jahren für die Salbung ein. Die Stirnsalbung mit Bitte um den Geist wurde als Ritus der Glaubensstärkung »confirmatio« (deutsch: Firmung) genannt, wobei nun zwei Riten zur Mitteilung des Heiligen Geistes nebeneinander standen.

Die Entstehung von großen Verwaltungsbezirken in den Regionen nördlich der Alpen, wo ein Bischof nur noch selten die Gemeinde besuchen konnte, riss Wasserritus und Salbung endgültig auseinander. Der Taufritus war in seine beiden wichtigsten Bestandteile auseinandergefallen. Immer mehr Menschen wurden als Säuglinge getauft, aber als Jugendliche oder Erwachsene (oder gar nicht) gefirmt. Im 12. Jahrhundert verschwand auch die Taufkommunion, und der Grundsatz der Alten Kirche »Baptismus est admissio« (die Taufe ist die Zulassung [zum Abendmahl]) wurde nur noch in den Ostkirchen im Sinne der Kommunion *aller* Getauften umgesetzt.

3.5 Wie verhalten sich Taufe und Glaube zueinander?

3.5.1 Tauftheologie im Mittelalter und in der Reformationszeit

a) Für die Theologie der Taufe wurde die Sakramentenlehre des Hl. Thomas von Aquin († 1274) wichtig. Nach Thomas ist die Taufe eine Zeichenhandlung wie jedes Sakrament. Sie ist Ausdruck und Zeichen des Glaubens – und zwar des Täuflings! Wie aber kann das für Kinder gelten? Thomas sagt, der Glaube der Eltern und Paten, mithin der Glaube der Gemeinde, werde dem Kind zuteil! So hatte bereits Augustinus im 5. Jahrhundert gelehrt: »Die Mutter Kirche übereignet den kleinen Kindern Füße, Herz und Sprache zum Kommen, Glauben und Bekennen.«

Die Taufe ist aber nicht bloßes Zeichen, sondern das Bezeichnete geschieht auch. Es wird dem glaubenden Täufling Heil zugeeignet, er wird in den Tod Christi hineingenommen, das bedeutet: Tilgung aller Sünden, vor allem der Erbsünde, und Zurüstung zur Ausübung des christlichen Lebens. In all dem wird dem Täufling ein »character indelebilis« (unzerstörbares Siegel), eine den Kern der Person erreichende Prägung verliehen, die auch bei Abfall von der Kirche nicht ausgelöscht wird. An diesen sakramententheologischen Entscheidungen orientiert sich die katholische Theologie bis in die Gegenwart hinein.

b) Martin Luther setzt zunächst seelsorgerlich an, wenn er betont, in der Taufe werde dem Menschen eine göttliche Verheißung zuteil, der er sich ein Leben lang trösten dürfe und zu der er mit vertrauendem Glauben jederzeit zurückkehren könne. Die Kindertaufe verteidigt auch Luther zuerst mit dem Hinweis auf den »fremden Glauben« derer, die das Kind zur Taufe bringen. Später weist er auf den Glauben hin, den Gott den Kindern in der Taufe schenke (*fides infantium*): »Das Kind tragen wir herzu in der Meinung und der Hoffnung, dass es glaube und bitten, dass ihm Gott den Glauben gebe …«. Denen gegenüber, die schon Getaufte »wieder« (also noch einmal) taufen wollen (»Täufer«), betont Luther die Taufe als Werk und Gabe Gottes *vorgängig* zu unserem Glauben: »Hast du nicht geglaubt, so glaube noch jetzt und sprich: Die Taufe ist wohl recht gewesen, ich habe sie aber leider nicht recht empfangen.« Schließlich habe Gott in der Geschichte unzähligen Menschen, die als Säuglinge getauft wurden, ganz offenbar den Heiligen Geist gegeben. Die Grundlinien sind im Kleinen und Großen Katechismus von 1529 zusammengefasst:

»Die Taufe ist ›Wasser in Gottes Wort gefasst‹.«

– Die Taufe gibt es, weil Gottes Wort sie gebietet. Sie ist »Wasser in Gottes Wort gefasst« und dadurch geheiligt.

– Die Taufe gibt das Heil und die Seligkeit. Dies geschieht aber nicht punktuell, sondern durch ein tägliches Sterben für die Sünde und ein tägliches Auferstehen. Immer wieder ist es möglich, in die Taufe zurückzukehren: »So ist die Buße nichts anderes als ein Wiedergang (Rückkehr) und

Wiederhinzutreten zur Taufe: man erneuert und treibt aufs Neue, was man vorher angefangen und wovon man doch abgelassen hatte.« (Großer Katechismus)

– Über das Verhältnis zwischen Taufe und Glauben gilt zum einen: Die Gültigkeit und Wirksamkeit der Taufe gründet allein in der Verbindung von Wasser und Gottes Wort – unabhängig vom Glauben: »wenn das Wort bei dem Wasser ist, so ist die Taufe recht, auch wenn der Glaube nicht dazu kommt. Denn mein Glaube macht nicht die Taufe, sondern empfängt die Taufe«. Zum anderen gilt: Allein im Glauben werden die Gaben der Taufe zum Heil empfangen; denn »ohne Glauben ist das Wasser nichts nütze, auch wenn es an sich selbst ein göttlicher, überschwänglicher Schatz ist.« Diese Spannung zwischen Gottes zuvorkommendem Heilshandeln und der Heil bringenden Glaubensantwort des Menschen ist wesentlich für die reformatorische Tauflehre und Theologie überhaupt.

3.5.2 Bleibende Fragen

Als »Sakrament des Glaubens« konstituiert die Taufe mit Wasser »im Namen des Vaters und des Sohns und des Heiligen Geistes« die wesentliche und lebensbestimmende Verbindung eines Menschen mit dem dreieinigen Gott. Wie dabei aber Glaube als Vertrauen in Gott und göttliches Handeln und wie – vor allem bei der Taufe von Kindern – der »Glaube der Kirche« (auch der Eltern oder Paten) und der Glaube eines Täuflings zueinander stehen, wird über Konfessionsgrenzen hinweg weiterhin diskutiert. Wo das ausdrückliche Bekenntnis der zu Taufenden in den Mittelpunkt rückt, muss dies letztlich zu einer Ablehnung der Kindertaufe als Sakrament führen. Der reformierte Theologe Karl Barth etwa betonte in seiner einflussreichen »Kirchlichen Dogmatik« (Band IV/2, 1955), die Taufe sei gar nicht Handeln Gottes, sondern Handeln des glaubenden Täuflings im Sinne eines Glaubensbekenntnisses. Diese Sicht macht es letztlich unmöglich, Kleinkinder zu taufen – ebenso aber auch geistig Behinderte oder Menschen, die nicht im Vollbesitz ihrer geistigen Kräfte sind.

3.5.3 Konsequenzen

a) Die Taufe ist kein magischer Schutzritus
Namentlich die Erwartung von Eltern, mit der Taufe für ein neugeborenes Kind eine Art Schutzsegen oder gar Schutzzauber zu erhalten, muss ernst genommen, aber auch thematisiert und infrage gestellt werden. In der Taufe wird Eltern und Kind natürlich zugesagt, dass sie nicht allein stehen, sondern dass Gott den Täufling mit Namen kennt und ihn im Leben begleitet. Zugleich ist deutlich zu machen, dass die Taufe einen Menschen weder aus dem Auf und Ab des Lebens herauslöst noch ihn vor Gefahren und Krankheiten schützt, vielmehr auf eine personale Beziehung des Vertrauens und der Nachfolge zielt.

b) Die Gemeinde ist der Ort der Taufe und der künftige Lebensort des getauften Menschen
Dieser Zusammenhang muss immer wieder in Erinnerung gebracht werden. Taufe ist weder eine Privatangelegenheit noch ein bloßes Familienzeremoniell. Hier geht es z. B. um den Taufgottesdienst und seine Gestaltung, die Rolle und Auswahl der Paten, die Taufe in der Katechese, um rituelle

Begehungen wie die Tauferinne-
rung und die Ermutigung zum
Dienst in der Gemeinde und zur
Übernahme von Verantwortung.

Die Taufe ist nicht ein Geschehen von vielen im Leben der
Gemeinde, sondern sie ist grundlegend für ihre Existenz. In
Situationen besonderer Not oder Dringlichkeit können und
sollen alle Christen taufen – unter Verwendung von Wasser
»im Namen des Vaters, des Sohnes und des Heiligen Geistes« und möglichst in Anwesenheit von Zeugen. Die Mel-
dung einer solchen *Taufe im Notfall* (früher »Nottaufe« genannt) bei einem Pfarramt bringt den Zusammenhang jeder
Taufe mit der Kirche ans Licht. Deswegen ist es auch üblich,
dass im Gottesdienst die Taufe bekannt gemacht wird – mit
Danksagung und Segen unter Handauflegung.

c) Mit der Taufe ist ein ethischer Anspruch verbunden
Der Zusammenhang von Gabe und Anspruch Christi darf
nicht verschwiegen oder geringgeachtet werden. Die Taufe
hat ethische Konsequenzen. Sie stellt die Getauften in den
Herrschaftsbereich Gottes, in dem die
Gebote Gottes gelten und der Zusammenhang von Gottes- und Nächstenliebe über allem steht. Zugleich be-
freit die Taufe einen Menschen dazu, sein Leben nach Gottes
Gebot auszurichten – grundsätzlich und immer wieder neu.

Die meisten Soldaten und Offiziere in den europäischen
Kriegen der zurückliegenden Jahrhunderte waren getauft.
Dies gilt ebenso für die Initiatoren wie auch für die Vollstre-
cker des neuzeitlichen Sklavenhandels und wohl auch für die
Mehrzahl der Aufseher in deutschen Konzentrationslagern

oder in sowjetischen Straflagern. Leider sind an dem Leid, das Menschen im Alltag einander zufügen, nicht selten auch Christen beteiligt, die andere nicht als Gottes Geschöpfe oder eben auch als getaufte Schwestern und Brüder wahrnehmen und zu würdigen wissen. Solche Beobachtungen können nicht ohne Einfluss auf das Nachdenken über die Bedeutung und den Sinn der Taufe und über den Umgang der Kirche mit dieser Gabe Gottes bleiben.

3.6 Ist die Taufe (heils)notwendig?

Aus dem Wort Jesu im Johannesevangelium, ins Reich Gottes komme der Mensch nur durch eine »Wiedergeburt aus Wasser und Geist« (Joh 3,5), wurde lange Zeit gefolgert, dass die Taufe zum Heil notwendig sei. Unbestritten ist, dass nach dem Neuen Testament und nach der Praxis der frühen Kirche die Taufe der normale Weg zum Christsein ist. Doch bereits die Christen der Antike sprachen nicht von einer strikten Heilsnotwendigkeit der Taufe und stellten namentlich das Blutzeugnis nicht getaufter Märtyrer der Taufe gleich. Auch am Ende des Markusevangeliums wird zwar deutlich auf die Wichtigkeit der Taufe verwiesen, ihre unbedingte Notwendigkeit aber gerade nicht behauptet (Mk 16,16). Wichtiger aber dürfte der Hinweis darauf sein, dass der allgemeine Heilswille Gottes zu den grundlegenden Überzeugungen des Neuen Testaments (1Tim 2,4–6; Tit 2,11) und des christlichen Glaubens gehört. Bedenkt man, wie viele Menschen in Vergangenheit und Gegenwart ohne eigene Schuld nicht getauft werde konnten, stellt sich natürlich die Frage, wie sich dies mit dem Willen Gottes verträgt, dass alle

Menschen zu ihm finden. In dieser Spannung wird darauf hingewiesen, dass Gottes Möglichkeiten nicht mit den Möglichkeiten der Kirche identisch und dass Gottes Wege zu den Menschen nicht allein die Wege der christlichen Mission sind – und dass es etwas anderes ist, ob man von der Heilsbedeutung Jesu Christi oder von der Heilsnotwendigkeit der Taufe

> »Die Taufe ist der normale Weg, auf dem ein Mensch Christ wird.«

spricht. Wo es aber möglich ist, sich taufen zu lassen, ist die Taufe der normale Weg, auf dem ein Mensch Christ wird und zum Glied am Leib Christi, der Kirche wird.

3.7 Wie verhalten sich Taufe und Abendmahl zueinander?

Der Befund für die frühe und alte Kirche ist eindeutig: Die Einladung zum Tisch des Herrn gilt denen, die zu ihm gehören. Also ist mit der Taufe prinzipiell die Einladung zum Abendmahl verbunden entsprechend der altkirchlichen Formel: »Baptismus est admissio« (»Taufe ist Zulassung«). Dennoch ist es im Westen nach und nach dazu gekommen, dass die Erstkommunion von der Taufe abgelöst wurde, um eine Unterweisung zwischen Taufe und Kommunion einzuschieben. Dabei spielten die »anni discretionis« (Jahre der Unterscheidungsfähigkeit) eine Rolle, die Zeit um das siebente Lebensjahr. Erst im 16. Jahrhundert gab es einen ordentlichen Erstkommunionunterricht. Die Kirchen der Reformation haben diesen übernommen – und schließlich die Einladung zum Abendmahl mit der sich nach und nach etablierenden Konfirmation verbunden.

Auf der anderen Seite stand und steht eine entschiedene Option für die Taufe von Neugeborenen als Ausdruck der zuvorkommenden Gnade Gottes. Vor diesem Hintergrund liegt es nahe, das Konzept einer »Zulassung« von Getauften zum Abendmahl zu überdenken. Eine deutlich vor dem Konfirmationsalter liegende Einladung von getauften Kindern mit ihren Eltern, Großeltern oder Paten zur Erstkommunion wäre ein erster Schritt. Der Wunsch, auch nicht getaufte Menschen, die sich zum Abendmahl eingeladen fühlen, nicht auszuschließen, ist verständlich. Dennoch gehört das Abendmahl nicht in den »Eingangsbereich« des Glaubens. Dorthin gehört die Taufe. Allerdings wird es weder die Bedeutung der Taufe noch des Abendmahls schmälern, wenn in seelsorgerlich begründeten Einzelfällen Menschen, die sich auf den Weg des Glaubens begeben haben, vor ihrer Taufe schon einmal an einer Abendmahlsfeier teilnehmen.

3.8 In welcher Beziehung stehen Taufe und Konfirmation?

Die Taufe bedarf nach evangelischem Verständnis keiner Ergänzung. Sie verbindet mit Jesus Christus, verleiht den Heiligen Geist und fügt in die Kirche ein. Deshalb feiert die evangelische Kirche kein die Taufe vervollkommnendes Sakrament wie das der Firmung.

Dennoch steht die Konfirmation, die sich in einem längeren Prozess etablierte und im 19. Jahrhundert Allgemeingut in den evangelischen Gemeinden wurde, in einem engen Bezug zur Taufe: Sie markiert für junge Menschen, die als Neugeborene oder Kleinkinder getauft wurden, eine wichtige Station auf dem Weg der Unterweisung im Glauben und des Heimischwerdens in der christlichen Gemeinde. Sie bietet Gelegenheit, sich nunmehr selbst öffentlich zum Glauben zu bekennen, und gewährt durch den Segen unter Handauflegung eine Bestärkung (lat. *confirmatio*) auf dem Weg des Christseins und Christwerdens. Umgekehrt dient die Vorbereitungszeit auf die Konfirmation nicht getauften Jugendlichen als Vorbereitung auf die Taufe, die dann gewissermaßen mit der Konfirmation zusammenfällt. Ebenso werden Erwachsene, die zum Glauben finden, wohl getauft, nicht aber zusätzlich konfirmiert.

3.9 Wie wird die Taufe in unterschiedlichen konfessionellen Traditionen praktiziert und verstanden?

a) Kirchen mit bevorzugter Kindertaufe
Die orthodoxen Kirchen haben aus der Alten Kirche die Dreiheit Wassertaufe – Myronsalbung – Taufeucharistie beibehalten. Dies betrifft alle Taufen, so dass auch Säuglinge mit Myron gesalbt werden und ihnen unmittelbar nach der Taufe die Kommunion (in Form eines Tropfens Wein) gereicht wird.

Die römisch-katholische Kirche sowie die anglikanischen, die methodistischen, die lutherischen, reformierten und unierten Kirchen praktizieren sowohl die Erwachsenentaufe als auch die Kindertaufe. Darüber hinaus haben sie Riten, die der persönlichen Aneignung und der Bekräftigung des in der Taufe empfangenen Heils dienen (Erstkommunion und Firmung in der römisch-katholischen Kirche, Konfirmation in den anderen Kirchen).

b) Kirchen mit alleiniger Erwachsenentaufe

Die seit dem Ausgang der Antike bestehende Praxis der Kindertaufe wurde im 16. Jahrhundert infrage gestellt. Große und einflussreiche Gruppen waren der Ansicht, gerade die Säuglingstaufe sei ein Grundübel der Kirche (Täuferbewegung). Seit dieser Zeit sind immer wieder Gemeinschaften entstanden, die die persönliche Glaubensentscheidung des Einzelnen als Voraussetzung für die Taufe betrachten und deshalb die Kindertaufe ablehnen (Mennoniten, Baptisten, andere Freikirchen und freie Gemeinden, Teile der Pfingstbewegung, Adventisten). Die Taufe wird hier weniger als sakramentales Handeln Gottes, vielmehr als Bekenntnis des Gläubigen betrachtet. Aus diesem Grunde halten die genannten Kirchen in der Regel die Säuglingstaufe für ungültig, was in der Konsequenz zu einer Taufwiederholung (»Wiedertaufe«) führen kann. Doch gibt es inzwischen eine Vereinbarung mit den Mennoniten, die zu gegenseitiger eucharistischer Gastbereitschaft geführt hat, und Gesprächsergebnisse mit den Baptisten, die zu einer gegenseitigen Anerkennung als Kirche geführt haben, aber noch nicht zu einer Klärung in der Tauffrage.

2007 fand in Magdeburg ein ökumenischer Gottesdienst statt, in dem die römisch-katholische Kirche, die evangelischen Kirchen und weitere Mitgliedskirchen der Arbeitsgemeinschaft Christlicher Kirchen in Deutschland (ACK) offiziell die wechselseitige Anerkennung der Taufe erklärt haben.

Zusammenfassung

Von Beginn an wusste sich die Kirche durch den auferstandenen Christus beauftragt zu taufen. Als »Sakrament des Glaubens« konstituiert sie die lebensbestimmende Verbindung eines Menschen mit dem dreieinigen Gott und ist deswegen weder ein magischer Schutzritus noch eine bloße Familienangelegenheit. Die Taufe ist vielmehr Ausdruck der Umkehr zum Vater, verbunden mit der Vergebung der Sünden, der Ausgießung des Geistes und der Eingliederung in die Gemeinde. Indem sie Menschen dazu befreit, ihr Leben nach Gottes Geboten auszurichten, hat die Taufe zugleich einen ethischen Anspruch. Die Taufe ist als der normale Weg anzusehen, auf dem ein Mensch – ob Kind oder Erwachsener – Christ wird. Die meisten christlichen Kirchen erkennen die Taufe, die mit Wasser »im Namen des Vaters und des Sohns und des Heiligen Geistes« in jeweils anderen Kirchen gespendet wird, an.

Literaturhinweise:

Karl-Heinrich Bieritz, Aus der Taufe leben, Hannover 2012.
Erich Geldbach, Taufe, Göttingen 1996.
Thomas Hafner/Jürg Luchsinger (Hg.), Eine Taufe – viele Meinungen, Zürich 2008.
Kirchenamt der EKD, Die Taufe. Eine Orientierungshilfe zu Verständnis und Praxis der Taufe in der evangelischen Kirche, Göttingen 2008.
Markus Öhler (Hg.), Taufe, Tübingen 2012.

4 Das heilige Abendmahl

Mahlzeiten sind lebensnotwendig. Das gilt nicht nur im biologischen Sinne, sondern auch für das Zusammenleben der Menschen. Mahlzeiten stiften Gemeinschaft, und so nähren sie nicht nur den Leib, sondern auch die Seele. Ein altes Sprichwort bringt diese Einsicht zum Ausdruck: »Essen und Trinken hält Leib und Seele zusammen.« Wenn wir ein Fest feiern, dann ist dies oft mit einer Mahlzeit verbunden. Wir überlegen uns genau, wen wir einladen und wie wir das Fest gestalten. Bei einer Mahlzeit erfahren wir, dass wir eingeladen sind, angenommen, beschenkt; so ist die Mahlzeit ein Zeichen der Gastfreundschaft.

Diese grundlegende Bedeutung von Mahlzeiten für das Menschsein zeigt sich auch im religiösen Leben. In vielen Religionen spielt das gemeinsame Essen und Trinken eine wichtige Rolle. Mahlzeiten sind auch ein wichtiger Bestandteil der religiösen Feste des Volkes Israel. Das wichtigste Fest Israels, das Passafest, das die Befreiung Israels aus Ägypten vergegenwärtigt, wird mit dem Passamahl eröffnet. Für die jüdischen Mahlzeiten ist es charakteristisch, dass über den Speisen und Getränken ein Lobpreis gesprochen wird, der zugleich ein Segen ist. Lobpreis bzw. Danksagung und Segen sind im Hebräischen dasselbe Wort.

4.1 Woher kommt das Abendmahl?

a) Als Sohn des Volkes Israel war Jesus die grundlegende Bedeutung von Mahlzeiten vertraut. So hat er die Gewährung von Tischgemeinschaft in seine Verkündigung des Reiches Gottes einbezogen. Indem er bei Menschen einkehrte und mit ihnen zusammen aß, hat er ihnen Gemeinschaft mit sich geschenkt. Auf diese Weise hat er sie in die Gemeinschaft mit Gott gebracht und ihnen bezeugt, dass sie von Gott angenommen sind: »Heute ist diesem Hause Heil widerfahren« (Lk 19,9). Die Tatsache, dass sich Jesus nicht nur mit seinen Jüngern, sondern gerade auch mit schuldig gewordenen und verachteten Menschen, »Zöllnern und Sündern«, an einen Tisch gesetzt hat, haben seine Gegner heftig kritisiert: »Dieser nimmt die Sünder an und isst mit ihnen« (Lk 15,2). Die Evangelien berichten auch davon, dass Jesus mit wenigen Lebensmitteln auf wunderbare Weise große Volksmengen gespeist hat. Dabei betonen sie ausdrücklich, dass Jesus die Brote nahm, über ihnen dankte, das heißt: den segnenden Lobpreis sprach, die Brote brach und sie den Jüngern gab, damit sie sie austeilten (Mk 6,41; 8,6). Der Anklang an die Einsetzungsworte ist bewusst gewählt und machte deutlich, dass die leibliche Speisung über sich hinausweist. Dies kommt besonders im Johannesevangelium zum Ausdruck, wo Jesus im Anschluss an die Speisung sagt: »Ich bin das Brot des Lebens.« (Joh 6,35)

> »In der Nacht, in der Jesus ausgeliefert wurde, hat er das letzte Mahl mit seinen Jüngern gefeiert und damit das Abendmahl eingesetzt.«

b) In der Nacht, bevor Jesus ausgeliefert, verurteilt und gekreuzigt wurde (»in der Nacht, da er verraten ward«; 1Kor

11,23), hat Jesus das letzte Mahl mit seinen Jüngern gefeiert und damit das Abendmahl eingesetzt. Um diesen Zusammenhang hervorzuheben, hat sich im evangelischen Raum die auf Luthers Bibelübersetzung zurückgehende Bezeichnung »Abendmahl« eingebürgert; das Neue Testament spricht hier eher vom »Mahl des Herrn«.

Die Einsetzungsworte sind im Neuen Testament in vier Fassungen überliefert: einerseits Mt 26,26–29 und Mk 14,22–25, die einander stark ähneln, sowie andererseits Lk 22,19–20 und 1Kor 11,23–25, die ebenfalls einander ähneln. Die Fassung der Einsetzungsworte, die sich in Luthers Kleinem Katechismus findet und die in den evangelischen Gottesdiensten gebraucht wird, stellt eine Kombination der neutestamentlichen Texte dar:

Unser Herr Jesus Christus, in der Nacht, da er verraten ward, nahm er das Brot, dankte und brach's und gab's seinen Jüngern und sprach: Nehmet hin und esset. Das ist mein Leib, der für euch gegeben wird. Solches tut zu meinem Gedächtnis.
Desgleichen nahm er auch den Kelch nach dem Abendmahl, dankte und gab ihnen den und sprach: Nehmet hin und trinket alle daraus, dieser Kelch ist der neue Bund/das neue Testament in meinem Blut, das für euch vergossen wird zur Vergebung der Sünden. Solches tut, so oft ihr's trinket, zu meinem Gedächtnis.

Entsprechend dem jüdischen Ritus spricht Jesus über Brot und Wein den Lobpreis (»er dankte«) und segnet damit die Gaben. In seinen Worten über Brot und Kelch sagt er den Jüngern, was er ihnen in diesem Mahl schenkt: »Das ist mein Leib« – das heißt: »Das bin ich selber in meiner Person, die in den Tod geht«. »Das ist mein Blut – vergossen für die vielen« – das heißt: »Das ist mein Leben, das ich hingebe als Sühne für alle Menschen«.

Nach den Berichten der ersten drei Evangelien (»Synoptiker«) feierte Jesus das letzte Mahl mit seinen Jüngern im Rahmen eines Passamahles. Nach dem Johannesevangelium starb Jesus am Kreuz zu der Stunde, zu der im Tempel die Passalämmer geschlachtet wurden: Dies ist ein Hinweis darauf, dass Jesus in seiner Hingabe selbst das wahre Passalamm ist. Beide Traditionen nehmen also Bezug auf das Passafest, mit dem Israel seine Befreiung aus Ägypten feiert. Auch beim Abendmahl geht es um Befreiung: Durch die Hingabe Jesu werden wir frei von Schuld und frei für ein neues Leben. Paulus drückt das so aus: »Auch wir haben ein Passalamm, das ist Christus, der geopfert ist.« (1Kor 5,7)

c) Die Tischgemeinschaft, die die Jünger mit Jesus vor seiner Kreuzigung erlebt haben, setzt sich fort in den Begegnungen mit dem Auferstandenen (vgl. Lk 24,30–35; Joh 21,12–13). Ja, die zwei Jünger, die am Ostertag von Jerusalem nach Emmaus wandern, erkennen den auferstandenen Christus erst, als er mit ihnen das Mahl hält: »Und es geschah, als er mit ihnen zu Tisch saß, nahm er das Brot, dankte, brach's und gab's ihnen. Da wurden ihre Augen geöffnet, und sie erkannten ihn.« (Lk 24,30f.) Der Anklang dieser Worte an die Einsetzungsworte zeigt deutlich, dass die Gemeinde nach Ostern im Abendmahl, in der Mahlfeier des Gottesdienstes die Gemeinschaft mit dem auferstandenen Herrn Jesus Christus erfährt.

In seinem ersten Brief an die Gemeinde in Korinth befasst sich der Apostel Paulus auch mit dem Abendmahl (1Kor 11,17–34). Dieses war dort – wie offenbar auch in anderen Gemeinden – in eine Sättigungsmahlzeit eingebettet, in seiner Besonderheit jedoch zugleich hiervon unterschieden. Paulus kritisiert, dass bei der Sättigungsmahlzeit die Reichen ihre Speisen selber aufaßen, während die später gekommenen Armen leer ausgingen. Dieses Verhalten hält er für unvereinbar mit der Gemeinschaft, die sie alle im Abendmahl mit Christus erfahren, und nennt es »unwürdig«. Hier bahnt sich bereits eine Trennung beider Handlungen an (1Kor 11,22). Aus der Sättigungsmahlzeit entwickelte sich später das »Liebesmahl« (Agape), eine liturgisch mit Gebeten und Gesängen gestaltete Feier, bei der es vor allem um die Speisung der Armen ging, in der aber auch die Zusammengehörigkeit und die Liebe unter den Gemeindegliedern zum Ausdruck kam.

d) Fragt man nach den Gründen dafür, dass das Abendmahl (verbunden mit der gemeinschaftlichen Agapefeier) so schnell in den frühen christlichen Gemeinden heimisch wurde, muss man zugleich an die große Bedeutung erinnern, die Tischgemeinschaften damals im Leben vieler Menschen auch außerhalb Israels und sicher ebenso vieler Christen hatten. Vor allem Essen und Trinken im Freundeskreis, in Vereinen und unter Gleichgesinnten, meist am Abend und in die Nacht hinein, war beliebt. Dabei ging es nicht nur um gute Speisen und guten Wein. Die am Mahl teilnahmen, vergewisserten sich so ihrer Zusammengehörigkeit und festigten sie. Vor diesem Hintergrund war es für die neu entstehenden Gemeinden naheliegend, bei Tisch zusammenzukommen. Doch auch an die weite Verbreitung von Mahlen bei Totengedächtnisfeiern und im Zusammenhang mit Opferzeremonien ist zu erinnern. Die Christen blieben solchen Festen fern – aber nicht ohne ein eigenes Mahl zu feiern.

4.2 Was geschieht im Abendmahl?

a) Danksagung an den Vater

Entsprechend dem jüdischen Ritus bei festlichen Mahlzeiten nahm Jesus Brot und Wein und »dankte«, das heißt: Er sprach den Lobpreis (hebräisch: *beracha*) über den Gaben und segnete sie damit. Dem Beispiel Jesu folgend tritt die Gemeinde mit Brot und Wein vor Gott, um ihn zu loben und ihm zu danken für die Schöpfung, für Jesus Christus, für seinen Tod und seine Auferstehung. Von diesem Gebet der Danksagung her hat das Abendmahl schon früh den Namen »Eucharistie« (griechisch: Dank) erhalten. Als Danksagung für die großen Taten Gottes hat das Abendmahl einen festlichen und freudigen Charakter.

b) Gegenwart Jesu Christi

Im heiligen Abendmahl ist Jesus Christus, die menschgewordene Liebe Gottes, für uns da. Und zwar so, dass wir seine Nähe leiblich spüren, ja, essen und trinken und in uns aufnehmen. An dieser wahren, wirklichen, leiblichen Gegenwart Christi im Abendmahl hat Martin Luther – zusammen mit dem

> **»Im Abendmahl ist Jesus Christus unter der Gestalt des Brotes und des Weines leiblich gegenwärtig, nimmt uns in die Versöhnung Gottes mit den Menschen hinein und schenkt uns Gemeinschaft mit sich und untereinander.«**

größten Teil der Christenheit – immer festgehalten. So heißt es im Augsburger Bekenntnis:

> Vom Abendmahl des Herrn wird gelehrt, dass der wahre Leib und das wahre Blut Christi wirklich unter der Gestalt des Brotes

und Weines im Abendmahl gegenwärtig sind und dort ausge-
teilt und empfangen werden.

(Augsburger Bekenntnis, Artikel 10)

So wie Menschen damals durch die Berührung mit Jesus
Christus gesund geworden sind, so wirkt sich seine Nähe
auch heute stärkend und heilend auf uns aus. In diesem
Sinne versteht Luther das Sakrament »als eine durchaus
heilsame, tröstliche Arznei, die helfen und das Leben geben
soll, beides für Leib und Seele. Denn wo die Seele genesen
ist, da ist dem Leibe auch geholfen«.

Mit der Feier des Abendmahls erfüllt die Gemeinde den
Auftrag Christi: »Solches tut zu meinem Gedächtnis.« »Gedächtnis« oder »Gedenken« meint in der Bibel, anders als im
heutigen Sprachgebrauch, nicht, dass wir uns an ein vergan-
genes Ereignis erinnern, sondern dass dieses vergangene
Ereignis für uns Gegenwart wird. Wie die Juden bei jedem
Passafest die Befreiung aus Ägypten erleben, so wird im
Abendmahl alles, was Jesus für uns getan hat, vergegenwärtigt, und so wirkt es über den Abstand der Jahrtausende in
unsere Zeit hinein. Dies findet seinen liturgischen Ausdruck
in einem Ruf, der aus der Alten Kirche stammt und in das
Evangelische Gottesdienstbuch aufgenommen worden ist:

Deinen Tod, o Herr, verkünden wir, und deine Auferstehung
preisen wir, bis du kommst in Herrlichkeit.

(vgl. 1Kor 11, 23–26).

c) Hingabe und Vergebung

»Mein Leib, für euch gegeben; mein Blut, für euch vergossen« – diese Worte Jesu weisen auf die Hingabe seines Lebens hin, und zwar in doppeltem Sinne:

- Jesus bleibt bis zum Tode am Kreuz Gott treu, der ihn gesandt hat. In der Hingabe des Lebens vollendet sich seine Liebe zum Vater.
- Indem Jesus sein Leben hingibt, tut er es stellvertretend für die, die sich Gott verweigern und schuldig werden. Er stirbt für uns und schließt damit den »neuen Bund« zwischen Gott und Mensch.

»Dieser Kelch ist der neue Bund/das neue Testament [das entsprechende griechische Wort hat beide Bedeutungen] in meinem Blut« (1Kor 11,25). Was im Lebensopfer Jesu am Kreuz geschah, wird für uns im Abendmahl greifbar. Indem Jesus uns seinen geopferten Leib und sein vergossenes Blut gibt, nimmt er uns in die am Kreuz geschehene Versöhnung Gottes mit den Menschen hinein und schenkt uns damit die Vergebung unserer Schuld. So erhalten wir Frieden mit Gott und neues Leben.

> Was nützt denn solch Essen und Trinken? Das zeigen uns diese Worte: Für euch gegeben und vergossen zur Vergebung der Sünden; nämlich, dass uns im Sakrament Vergebung der Sünden, Leben und Seligkeit durch solche Worte gegeben wird; denn wo Vergebung der Sünden ist, da ist auch Leben und Seligkeit.
>
> (Martin Luther, Kleiner Katechismus)

Liebe ist etwas Gegenseitiges. Jesu Hingabe für uns am Kreuz ruft uns in seine Nachfolge und wartet auf unsere Hingabe an ihn und auf unsere Liebe zu unseren Mitmenschen.

d) Gemeinschaft

»Das Brot, das wir brechen, ist das nicht die Gemeinschaft des Leibes Christi? Denn ein Brot ist's, so sind wir viele ein Leib, weil wir alle eines Brotes teilhaftig sind.« (1Kor 10,16 f.) Im Abendmahl schenkt uns Jesus Christus Gemeinschaft mit sich selbst und verbindet uns dadurch auch untereinander. So ist das Abendmahl das Sakrament der Einheit. Diese Einheit gründet sich auf die Teilhabe an dem einen Brot und damit an dem einen Christus und nicht auf die Gleichheit des Volkes, der sozialen Herkunft, der Bildung oder der Sympathie. Denn durch das Essen des einen Brotes, das Christi Leib ist, werden ganz verschiedene Menschen zu seinem Leib, zur Kirche zusammengeschlossen. Damit werden wir zugleich befähigt, Schranken unter Menschen abzubauen und uns für Versöhnung einzusetzen.

> »Durch das Essen des einen Brot-Leibes werden ganz verschiedene Menschen zum einen Leib Christi.«

Der Tisch des Abendmahls hat eine sichtbare und eine unsichtbare Seite: An der sichtbaren Seite stehen wir, an der unsichtbaren Seite befinden sich die, die uns im Glauben vorangegangen sind. In Jesus Christus bleiben wir miteinander verbunden.

e) Wirken des Heiligen Geistes

Die Fülle der Gaben, die das heilige Abendmahl uns vermittelt, kann nur wirksam werden, wenn der Heilige Geist uns hierfür öffnet. Deshalb findet sich in den Eucharistiegebeten (Abendmahlsgebeten) der frühen Kirche schon bald eine Bitte um den Heiligen Geist (Epiklese). Während diese Bitte in den orthodoxen Kirchen zu allen Zeiten bis heute eine wichtige Rolle spielt, ist sie in den abendländischen Kirchen erst im 20. Jahrhundert wiederentdeckt worden: Der Heilige Geist wird gebeten, das gesamte Geschehen mit den Elementen in Bezug auf die versammelte Gemeinde zu erfüllen.

f) Hoffnung auf Vollendung
Im Abendmahl wird nicht nur das vergangene, sondern auch das zukünftige Heilsgeschehen Gegenwart. Wir hoffen darauf, dass Christus das vollenden wird, was er angefangen hat, dass er die Welt zum Ziele führt. Als Unterpfand dieser Hoffnung ist uns das Abendmahl gegeben. In der Bibel wird die ewige Gemeinschaft mit Gott häufig im Bilde des Hochzeitsmahles ausgedrückt. Das Abendmahl ist ein Vorgeschmack der künftigen Freude und der Gemeinschaft mit Gott. Daraus erwächst die Kraft, Schwierigkeiten auszuhalten, neuen Mut zu schöpfen und sich für mehr Gerechtigkeit und Frieden in der Welt einzusetzen.

4.3 Wie ist die Gegenwart Christi zu verstehen?

Die Frage, wie es zu verstehen sei, dass Christus mit den Stiftungsworten seinen Leib und sein Blut mit Brot und Wein gleichsetzt, hat immer wieder zu theologischen Überlegungen angeregt. Es kam darüber in der Alten Kirche jedoch nicht zu Spaltungen; denn das antike Denken kannte keinen Gegensatz zwischen Symbol und Wirklichkeit. Erst ab dem 9. Jahrhundert, als beides auseinanderfiel, fand man zu unterschiedlichen Deutungen, die schließlich über Jahrhunderte zu Trennungen am Tisch des Herrn führten.
a) Die orthodoxen Kirchen lehren, dass im Abendmahl Brot und Wein Leib und Blut Christi sind, binden sich aber an

keine Theorie. Die Realität des Sakraments und seinen geistlichen Charakter empfinden orthodoxe Theologen nicht als Gegensatz. In der Liturgie bittet der Priester nach den Einsetzungsworten, der Heilige Geist möge Brot und Wein heiligen, dass sie Leib und Blut Christi werden (Epiklese). So bringt die Kirche zum Ausdruck, dass sie über das Sakrament nicht verfügen will, sondern vor Gott immer als Bittende steht.

b) In der römisch-katholischen Kirche wurde im Lauf des Mittelalters die Auffassung von der Transsubstantiation (Wesensverwandlung) zur maßgeblichen Lehre. Sie besagt, dass Brot und Wein in Leib und Blut Christi verwandelt werden, und zwar nicht nach ihrer sichtbaren Erscheinungsweise – äußerlich, d. h. chemisch-physikalisch, bleiben die Elemente, was sie sind –, aber ihrem inneren Wesen nach. So beugen Katholiken beim Betreten einer Kirche das Knie vor Christus, den sie in der Hostie (aufbewahrt im so genannten Tabernakel) real gegenwärtig wissen und der an Fronleichnam (Fest des Leibes Christi) in der Monstranz (Gefäß zum Zeigen der Hostie) zur Segnung über die Fluren getragen wird. Beeindruckend ist an dieser Lehre der Nachdruck, mit dem die Gegenwart Christi im Abendmahl gesichert wird.

c) Die schärfste Kritik an der Transsubstantiationslehre kommt von der reformierten Kirche, die ihre wesentlichen Impulse von Zwingli und Calvin empfangen hat. Auch sie hält daran fest, dass Christus im Abendmahl gegenwärtig ist und den Gläubigen seine Gemeinschaft schenkt. Es widerspricht aber nach ihrer Überzeugung der Freiheit und Ehre Gottes, sich an so irdische Dinge wie Brot und Wein zu binden. Die Elemente sind vielmehr Zeichen, die von der Sache (Leib und Blut) getrennt sind, aber auf diese überirdische

Wirklichkeit hinweisen. Während die Gläubigen Brot und Wein empfangen, werden sie zugleich durch den Heiligen Geist mit Leib und Blut Christi, der im Himmel ist, vereinigt.

d) Die Abendmahlslehre der lutherischen Kirche hat einen seelsorgerlichen Grundzug. Für sie liegt alles daran, dass Gott sich vorbehaltlos in unsere Welt hineinbegeben hat und unser Bruder geworden ist. Im Abendmahl verbindet sich Christus körperlich mit Brot und Wein. Der ganze Mensch, mit Leib und Seele, darf Gott begegnen. »Für euch« ist die Zielsetzung, die zum innersten Wesen des Abendmahls gehört. Deshalb hält Luther entschieden an den Worten Christi fest: »Das ist mein Leib«. Das Wie kann für Luther unerklärliches Geheimnis bleiben, wenn nur die Gegenwart Christi gewahrt ist –

»in, mit und unter« Brot und Wein schenkt sich uns Christus leibhaftig. Eine Entsprechung zum Abendmahl sieht Luther in der Menschwerdung (Inkarnation) Christi: Wie sich in Christus Gott und Mensch zu einer Einheit verbinden, so verbindet sich Christi Leib und Blut mit dem Brot und Wein zu einer sakramentalen Einheit; man bezeichnet diese Auffassung auch als Konsubstantiation.

> »Wo die wirkliche Gegenwart Christi bezeugt wird, kann das Wie ein Geheimnis bleiben.«

Die Gegenwart Christi im Abendmahl bleibt ein Geheimnis. Im Bewusstsein dieses Geheimnisses ist es dennoch möglich, unserem Denken eine Brücke zu bauen: Ein Scheck ist zunächst ein Stück wertloses Papier, wird er aber mit einer Zahl und dann einer Unterschrift versehen, dann bleibt er zwar Papier, hat aber einen neuen, hohen Wert erhalten. So ist es auch mit Brot und Wein im Abendmahl: Durch die Einsetzungsworte und das Gebet erhalten diese schlichten Dinge einen neuen Wert: Sie sind nun Leib und Blut Christi.

4.4 Welche Schritte gibt es zur Abendmahlsgemeinschaft zwischen den Kirchen?

Lange Zeit galt in der gesamten Christenheit der Grundsatz, dass die Gemeinschaft im Abendmahl die Einheit in der christlichen Lehre voraussetzt. So bestand Abendmahlsgemeinschaft nur zwischen Kirchen derselben Konfession. Durch die Erfahrungen in der ökumenischen Bewegung wuchs die Erkenntnis, dass Jesus Christus selbst der Gastgeber im heiligen Mahl ist und dass die Kirche größer ist als die jeweils eigene Konfession. In diesem Sinne ist das Abendmahl nicht nur Zeichen der vorhandenen Gemeinschaft, sondern es kann auch ein Mittel sein, wodurch Christus uns einander näherbringt. So ist es in neuerer Zeit zwischen den Kirchen zu vielfältigen Annäherungen und Vereinbarungen im Blick auf das Abendmahl gekommen.

>»Jesus Christus selbst ist der Gastgeber im heiligen Mahl.«

a) Durch die Leuenberger Konkordie 1973 wurde Kanzel- und Abendmahlsgemeinschaft unter den meisten lutherischen, reformierten und unierten Kirchen Europas erklärt. Dieser Konkordie sind mittlerweile Vereinbarungen zu verschiedenartigen Formen von Abendmahlsgemeinschaft gefolgt: zwischen den evangelischen Kirchen und der methodistischen, der altkatholischen sowie der anglikanischen Kirche.

b) Für die Zulassung zum Abendmahl gelten in der lutherischen und in der römisch-katholischen Kirche jeweils verschiedene Bestimmungen: Während die lutherische Kirche seit 1975 römisch-katholische Christen gastweise zum Abendmahl einlädt, lässt die römisch-katholische Kirche Christen anderer Konfessionen nur in Ausnahmefällen zu, z. B. in einer Notsituation, wo kein Pfarrer der eigenen Konfession erreichbar ist. In Lehrgesprächen ist hier weitergearbeitet worden; während im Verständnis des Abendmahls eine weitgehende Übereinstimmung gefunden werden konnte, liegt die größte Schwierigkeit beim Amtsverständnis. Wegen eines »Mangels« im Blick auf die apostolische Nachfolge fehlt den evangelischen Amtsträgern nach derzeitiger römisch-katholischer Auffassung die Vollmacht zur gültigen Feier des Abendmahls. In der Praxis freilich (konfessionsverschiedene Familien, ökumenische Tagungen, Retraiten u. a.) kommt es immer wieder vor, dass solche kirchenrechtlichen Grenzen überschritten werden.

4.5 Wie wird das Abendmahl gefeiert?

4.5.1 Die Gestalt der Feier

Die Einsetzungsworte begründen das Abendmahl und bestimmen zugleich die Struktur und die wesentlichen Stücke der Feier. Hieraus ergibt sich folgender Kern der Abendmahlsfeiern:

– Die Danksagung, deren Mitte die Einsetzungsworte bilden; so werden Brot und Wein gesegnet und geheiligt (konsekriert), so dass wir unter ihnen Leib und Blut Christi empfangen.

– Die Austeilung des gesegneten Brotes und Weines.

– Der Austeilung gehen in der Regel das Vaterunser und manchmal auch das Brechen des Brotes voraus.

Wo dieser unaufgebbare Kern gewahrt ist, kann das Abendmahl in unterschiedlichen Formen gefeiert werden; z. B. mit den überlieferten liturgischen Gesängen, in schlichter, gesprochener Form, mit neueren Liedern, im kleineren Kreis um einen Tisch (Tischabendmahl). Diese unterschiedlichen Formen ermöglichen es auch, aus der Fülle, die das Abendmahl umgreift, einzelne Aspekte besonders hervortreten zu lassen: etwa die Vergebung der Sünden, die Erfahrung von Gemeinschaft, Dank für Gottes Güte, Freude über die Gegenwart Jesu Christi, Frieden und Versöhnung, Verantwortung für die Gaben der Schöpfung, Teilen der uns anvertrauten Güter. Doch so unterschiedlich die Formen auch sind – immer verbindet uns das Abendmahl mit der ganzen Kirche. Deshalb wird es von Personen geleitet, die von der Kirche hierzu berufen, gesegnet und gesandt worden sind.

> »Die Danksagung, die Einsetzungsworte und der Empfang des gesegneten Brotes und Weines bilden den unaufgebbaren Kern des Abendmahls.«

4.5.2 Häufigkeit

Jahrhundertelang war es in den evangelischen Kirchen Brauch, nur selten zum Abendmahl zu gehen, etwa ein- bis zweimal im Jahr. Gründe hierfür waren die Hochachtung der Gegenwart Christi, die Furcht vor eigener Unwürdigkeit und die Ernsthaftigkeit der Vorbereitung, aber auch eine einseitige Konzentration auf die Verkündigung des Wortes.

Dies entspricht indes weder der Praxis der ersten Christen noch den Vorstellungen Luthers, der den häufigen Empfang des Abendmahls befürwortete.

Erst im 20. Jahrhundert machten Christen in allen Konfessionen die Erfahrung, dass die häufige Feier nicht zu einer Entwertung, sondern vielmehr zu einer neuen Hochschätzung des Abendmahls führte. Mittlerweile wird in den meisten evangelischen Gemeinden das Abendmahl mindestens einmal im Monat sowie an allen Festtagen gefeiert. Nicht wenige Gemeinden befinden sich auch auf dem Wege zur sonntäglichen Feier.

> **»Die häufige Feier des Abendmahls entspricht der Praxis der Urkirche wie auch der Reformatoren.«**

4.5.3 Vorbereitung

> Wer nun unwürdig von dem Brot isst oder aus dem Kelch des Herrn trinkt, der wird schuldig sein am Leib und Blut des Herrn.
> (1Kor 11,27)

Dieses Wort des Apostels Paulus ist oft missverstanden worden, als ob man erst ein »guter Mensch« sein müsse, ehe man an den Tisch des Herrn treten könne. Doch es geht Paulus nicht um eine moralische Würdigkeit, sondern um das Verhalten beim Abendmahl; er wendet sich (1Kor 11,17–34)
– gegen Lieblosigkeit, die die Zuspätkommenden beim Mahl benachteiligt;
– gegen Gedankenlosigkeit, die das Mahl des Herrn nicht von einer Sättigungsmahlzeit unterscheidet.
Denen, die sich unwürdig fühlen, antwortet Luther:

… das ist die höchste Kunst, zu wissen, dass unser Sakrament nicht auf unsere Würdigkeit steht … Er soll so sagen: Ich wollte wohl würdig sein, aber ich komme nicht aufgrund irgendeiner Würdigkeit, sondern auf dein Wort hin, weil du es befohlen hast, als einer, der gern dein Jünger wäre; meine Würdigkeit mag bleiben, wo sie will.

Unwürdig ist also nicht der Schuldige, der die Vergebung sucht, sondern der Selbstgerechte, der meint, ihrer nicht zu bedürfen. Zur persönlichen Vorbereitung rät der Apostel Paulus:

Der Mensch prüfe sich selbst, und so esse er von diesem Brot und trinke aus diesem Kelch.

(1Kor 11,28)

4.5.4 Abendmahl mit Kindern

In der Alten Kirche war die Taufe mit der ersten Teilnahme am Abendmahl verbunden. Dies galt nicht nur für Erwachsene, sondern auch für Kinder – wie bis heute in der orthodoxen Kirche. Im Abendland hatte man allerdings die Zulassung zum Abendmahl daran gebunden, dass die Kinder das Abendmahl von einer gewöhnlichen Mahlzeit unterscheiden können. War dieser Zeitpunkt ursprünglich nicht genau festgelegt, so wurde das erste Abendmahl in den evangelischen Kirchen ab dem 18. Jahrhundert mit der Konfirmation verbunden. Eine neue Besinnung auf den Charakter der Taufe als Eingliederung in den Leib Christi führte zu der Erkenntnis: Die getauften Kinder gehören ohne Abstriche zur Gemeinde Jesu Christi. Deshalb bestehen keine grundsätzlichen Bedenken, wenn sie zum Abendmahl eingeladen

> »Getaufte Kinder gehören zur Gemeinde und haben grundsätzlich Zugang zum Abendmahl.«

werden. Auch kleinere Kinder können lernen, das heilige Mahl von anderen Mahlzeiten zu unterscheiden. Sie begreifen: Ich gehöre zu Jesus Christus und seiner Gemeinde.

Zusammenfassung

Im Abendmahl ist Jesus Christus als der Gekreuzigte und Auferstandene unter der Gestalt von Brot und Wein leiblich gegenwärtig (Realpräsenz). Er nimmt uns in die am Kreuz bestehende Versöhnung Gottes mit den Menschen hinein, schenkt uns Gemeinschaft mit sich und untereinander und gibt uns einen Vorgeschmack der Ewigkeit. Wo die reale Gegenwart Christi im Abendmahl bezeugt wird, kann das Wie ein Geheimnis bleiben. Angesichts der grundlegenden Bedeutung des Abendmahls für die Kirche als Leib Christi wie für die Einzelnen ist es angemessen, es häufig zu feiern und auch die getauften Kinder einzubeziehen.

Literaturhinweise:

Amt der VELKD, Vom Abendmahl her leben, Hannover 2012.

Erik Dremel/Wolfgang Ratzmann, Nicht nur am Sonntagvormittag, Leipzig 2014, Kap. 5.

Hermut Löhr (Hg.), Abendmahl, Tübingen 2012.

Luise Schottroff/Andrea Bieler, Das Abendmahl. Essen, um zu leben, Gütersloh 2007.

Jens Schröter, Nehmt – esst und trinkt. Das Abendmahl verstehen und feiern, Stuttgart 2010.

Michael Welker, Was geht vor beim Abendmahl?, 4. Aufl., Gütersloh 2004.

5 Kirchliche Handlungen

5.1 Die Beichte

Schuld spielt in jedem Leben eine Rolle – sei es im persönlichen oder im öffentlichen Bereich. Wenn etwas nicht so ist, wie es sein soll, dann sehen viele Menschen die Schuld hierfür bei anderen. Eigene Schuld einzugestehen, ist dagegen schwieriger; oft werden für eigenes Fehlverhalten andere Menschen oder »die Verhältnisse« verantwortlich gemacht. Doch wenn wir uns nicht selbst betrügen, dann wissen wir ganz gut, dass wir eigentlich anders sein müssten, als wir sind. Wir nehmen uns ja auch vor, das Gute zu tun, und scheitern doch oft daran. Immer wieder mangelt es uns an Liebe zu Gott und zum Nächsten. Diesen Zustand nennt die Bibel »Sünde«.

Es ist die befreiende Botschaft des Evangeliums, dass wir nicht in unserer Schuld stecken bleiben müssen und nicht auf unser Versagen festgelegt werden, sondern dass unsere Schuld vergeben werden kann. Jesus Christus selbst hat immer wieder Menschen die Vergebung zugesprochen; am Kreuz hat er die Sünden der ganzen Welt getragen und damit Frieden zwischen Gott und den Menschen gebracht. Seine Vollmacht zur Vergebung der Sünden hat er seiner Kirche übertragen (Mt 16,19; 18,18; Joh 20,21ff.). Im Namen Jesu Christi darf die Kirche denen, die ihre Schuld erkennen, bereuen und bekennen, die Vergebung ihrer Sünden (Absolution) wirksam zusprechen. Wegen der Absolution hat die Beichte sakramentalen Charakter, wird aber meist, da sie eine »Rückkehr zur Taufe« ist, nicht als eigenständiges Sakrament angesehen.

Wer die Vergebung von Gott empfangen hat, erfährt, dass Vergebung das Leben mit Freude erfüllt, neuen Mut und Zuversicht gibt und inneren Frieden schenkt. Wer das erfahren hat, soll auch den Menschen vergeben, die an ihm schuldig geworden sind (vgl. Mt 18,21). Schließlich gehört zu den Folgen der Beichte auch, sich selbst zu verzeihen. Niemand soll mit sich strenger sein als Gott mit uns.

> »Es ist die befreiende Botschaft des Evangeliums, dass wir nicht in unserer Schuld stecken bleiben müssen.«

Schuld kann in verschiedener Form vor Gott gebracht werden: im persönlichen Gebet (Herzensbeichte), zusammen mit der Gemeinde (allgemeine Beichte) oder vor einem Seelsorger (Einzelbeichte). Pfarrer und Pfarrerinnen haben in der Ordination versprochen, das Beichtgeheimnis unverbrüchlich zu wahren; es wird auch vom Staat geschützt.

> »Zu den Folgen der Beichte gehört, anderen und auch sich selbst zu verzeihen.«

Die Kirche hat die einzigartige Möglichkeit, den Menschen die Hilfe Gottes anbieten und ihnen zusagen zu können, dass er Gewesenes aufhebt und Kommendes zu einem neuen, guten Anfang macht. Wenn wir zur Beichte gehen, legen wir alles in seine Hand. Wir hören seine freundliche Stimme und wissen: Wir sind eingeladen. Wir werden schon erwartet.

(Klaus-Peter Hertzsch)

5.2 Segenshandlungen

Einige Handlungen, die in der römisch-katholischen Kirche wie in den orthodoxen Kirchen als Sakramente gelten – und manchmal in Unterscheidung von den »größeren Sakramenten« Taufe und Abendmahl als »kleinere Sakramente« benannt sind –, werden in den evangelischen Kirchen als Segenshandlungen betrachtet. Während Taufe und Abendmahl grundlegende Bedeutung für die Zueignung der Gnade und für die Gliedschaft am Leib Christi, der Kirche, haben, sind die Segenshandlungen auf die besonderen Lebenssituationen der Menschen bezogen. Sie wollen ihnen hierfür den Beistand und die Kraft Gottes zusprechen.

– Die *Konfirmation* hat sich aus der Taufe entwickelt und dient dazu, dass die jungen Christen sich selbständig zum Glauben bekennen und hierfür unter Gebet und Handauflegung den Segen empfangen. Die Gemeinde begleitet ihre Konfirmanden auf dem Weg zum Erwachsenwerden.

– In der *Trauung* versprechen die Brautleute einander, sich zu lieben und zu ehren und die Ehe nach Gottes Gebot und Verheißung zu führen in guten wie in bösen Tagen, bis der Tod sie scheidet. Daraufhin reichen sie einander die Hand und empfangen den Segen für ihren gemeinsamen Weg.

– Die *Krankensalbung*, die sich auf Jak 5,14 gründet, hatte sich im Laufe des Mittelalters zu einem Sterbesakrament, zur »Letzten Ölung« entwickelt. Da es hierfür keine biblische Begründung gibt, kam sie in den reformatorischen Kirchen außer Gebrauch. An ihre Stelle trat eine Krankenseg-

> **»In jüngster Zeit ist die Krankensalbung in den evangelischen Kirchen wiederentdeckt worden.«**

nung mit Handauflegung. In jüngster Zeit ist die Krankensalbung in den evangelischen Kirchen wiederentdeckt worden und hat auch eine gottesdienstliche Ordnung erhalten.

– In der *Ordination* werden Christen unter Gebet und Handauflegung zum Amt der öffentlichen Verkündigung und der Sakramentsverwaltung berufen, gesegnet und gesandt.

5.3 Zum Sakramentsbegriff

In der lateinischen Übersetzung des Neuen Testaments wurde das griechische »mysterion« mit dem lateinischen »sacramentum« wiedergegeben. »Mysterion« bezeichnet im Neuen Testament alles, was Gott zum Heil der Menschen in Christus verwirklicht hat (vgl. z. B. Röm 16,25; Eph 1,9). Bald nannte man auch die gottesdienstlichen Handlungen, in denen dieses Heilsgeschehen gegenwärtig wurde, vor allem natürlich Taufe und Abendmahl, »Mysterien« bzw. eben »sacramenta«.

Augustinus (354–430) definierte: »Ein Sakrament ist das sichtbare Zeichen der unsichtbaren Gnade. Kommt das Wort zum Element« – zum Wasser, zu Brot und Wein usw. –, »so wird daraus ein Sakrament.« Die mittelalterliche Theologie präzisierte dies: Sakramente seien durch drei Merkmale gekennzeichnet: ein äußeres Zeichen, die Einsetzung durch Christus, die dargebotene Gnade.

Angesichts einer großen Unsicherheit bezüglich der Zahl der Sakramente – gelegentlich wurden nicht weniger als 30 Handlungen so bezeichnet – setzte sich allmählich die Einsicht durch, dass unter den kirchlichen Handlungen sieben als Sakramente anzusehen seien: Taufe, Firmung, Abendmahl, Buße (Beichte), Krankensalbung (»Letzte Ölung«), Ehe und die Weihe (der Diakone, Priester und Bischöfe). Diese Siebenzahl wurde zuerst 1439 auf dem Konzil von Florenz und dann 1547 auf dem für die katholische Kirche bis heute maßgeblichen Konzil von Trient verbindlich festgelegt.

Die Reformatoren sahen für einige dieser Handlungen keine Einsetzung durch Christus gegeben. Dennoch hat die lutherische Kirche die Zahl der Sakramente unbestimmt gelassen und allein Taufe und Abendmahl ganz eindeutig als solche bezeichnet:

> Kein kluger Mann wird um die Zahl oder das Wort »Sakrament« streiten, wenn nur jene Riten beibehalten werden, die den Befehl Gottes und Verheißung haben.
>
> (Apologie des Augsburger Bekenntnisses, 1531, Artikel XIII)

Die reformatorische Forderung, wonach ein Sakrament historisch nachweisbar durch Jesu Christus gestiftet sein muss, verliert an Gewicht, wenn das Hören auf das gesamte Zeugnis der Heiligen Schrift und die lebendige Gegenwart des auferstandenen Herrn das Handeln der Gemeinde bestimmen. Sakramente sind insofern Handlungen Gottes, aber auch Handlungen der Gemeinde. Ebenso, wie der Glaube der Gemeinschaft getragen wird vom Glauben der vielen Einzelnen, geht der Glaube der Gemeinde dem Glauben der Einzelnen doch auch immer schon voraus. Diesen Glauben bekennen Menschen, die getauft werden wollen, dieser Glaube lässt die Gemeinde zum Abendmahl einladen. So kann die Kirche als ein Ort beschrieben werden, wo Christus zum ei-

»Kein kluger Mann wird um die Zahl der Sakramente streiten.«

nen im Wort der Verkündigung gegenwärtig ist und wo zum anderen die Sakramente gefeiert werden als eine »besonders dichte oder intensive Weise der heilsamen Christusbegegnung« (Ulrich Kühn).

Zusammenfassung

Gott wendet sich den Menschen in vielfältigen kirchlichen Handlungen leiblich spürbar zu. Taufe und Abendmahl werden wegen ihrer grundlegenden Bedeutung für die Gliedschaft am Leibe Christi, der Kirche, als Sakramente hervorgehoben. In der Beichte ereignet sich der wirksame Zuspruch der Vergebung der Sünden (Absolution). In Segenshandlungen wird der Beistand Gottes den Menschen für unterschiedliche Lebenssituationen sowie für ihre Aufgaben in der Kirche zugeeignet. Die Frage, welche Handlungen als Sakramente bezeichnet werden, ist eine Sache der Begriffsbestimmung und braucht keine kirchentrennende Bedeutung zu haben.

Literaturhinweise:

Christof Gestrich, Die Wiederkehr des Glanzes in die Welt, Tübingen 1995.
Gottes Segen und die Segenshandlungen der Kirche, Neukirchen-Vluyn 1996.
Klaus-Peter Hertzsch, Von der Beichte leben, Hannover 2012.
Ulrich Kühn, Sakramente, 2. Aufl., Gütersloh 1990.
Gunther Wenz, Einführung in die evangelische Sakramentenlehre, Darmstadt 1988.
Peter Zimmerling, Studienbuch Beichte, Stuttgart 2009.

6 Wohin geht die Kirche?

Natürlich liegt der Weg der Kirche in Gottes Hand. Dennoch müssen wir auf gesellschaftliche und kulturelle Veränderungen, die wir wahrnehmen, als »Zeichen der Zeit« (Mt 16,3) achten und sollten zu notwendigen Veränderungen bereit und gegenüber neuen Wegen und Formen des Glaubens aufgeschlossen sein. Die Erfahrung, dass nur wer sich wandelt sich – und seiner Sendung – auch treu bleiben kann, ist für die Kirche nicht neu.

6.1 Wandlungen in den Gemeinden

Das flächendeckende Netz der Ortsgemeinden bietet der Kirche nach wie vor die Möglichkeit, mit Menschen aus allen Regionen Kontakt zu pflegen und überall erreichbar zu sein. Freilich gibt es erhebliche regionale Unterschiede z. B. zwischen Gegenden mit erhaltenen volkskirchlichen Traditionen und anderen Regionen, in denen die Christen nur noch eine Minderheit darstellen. So vollziehen sich gegenwärtig auf der Ebene der Ortsgemeinden verschiedene Wandlungsprozesse. Aus strukturellen und finanziellen Gründen verlieren manche Gemeinden ihre Pfarrerin bzw. ihren Pfarrer. Stellen für Kantoren oder Gemeindepädagogen werden gestrichen. Bislang selbständige Gemeinden stehen vor der Aufgabe, in einem größeren Verbund das kirchliche Leben zu gestalten. Mancherorts scheint das seit vielen Generationen vertraute Parochialsystem in Frage zu stehen. Die Erfahrung des Kleinerwerdens erweist sich als massive geistliche Herausforderung.

Weil die dabei ausgelösten Prozesse (nicht nur in ländlichen Regionen) oft jahrhundertealte Traditionen auflösen, verunsichern und irritieren sie nicht wenige Christen. Sie befürchten, dass durch solche Veränderungen die Beheimatung in der Ortsgemeinde verloren gehen könnte. In dieser Situation kommt es darauf an, dass alle Gemeindeglieder entsprechend den ihnen geschenkten Gaben zusammenwirken. Dabei tun sich vielleicht Möglichkeiten auf, die zuvor gar nicht im Blick waren; und an die Stelle befürchteter Verluste tritt die schöne Erfahrung, Gemeinde in geteilter Verantwortung und im Zusammenführen vieler Gaben und Begabungen gestalten zu können. Manche Regionen probieren ein Miteinander von zentralen, reicher gestalteten Gottesdiensten und schlichteren Gottesdiensten in den einzelnen Kirchen. Dafür sind das Miteinander von Haupt- und Ehrenamtlichen wie Prädikanten, Lektoren, Kirchnern und Kirchenkuratoren und das Vertrauen in neue Wege in Liturgie, Kirchenmusik und Verkündigung wichtig. Kirchenvorstände und Gemeindekirchenräte sind in all dem besonders gefordert – zugleich ist es in manchen Regionen schwer geworden, Kandidaten für diese Gremien zu finden, was bei allen Chancen die Kompliziertheit dieser Übergänge belegt.

> »Die Erfahrung des Kleinerwerdens erweist sich als massive geistliche Herausforderung.«

6.2 Zentrale Begegnungsorte und neue Ausdrucksformen

Die Differenzierung der Gesellschaft wirkt sich auch auf die Kirche aus. So haben sich neben den Ortsgemeinden weitere unterschiedliche Gemeindeformen entwickelt: »Anstaltsgemeinden« gibt es z. B. in Krankenhäusern oder bei der Bundeswehr. An herausgehobenen Kirchen in Städten oder touristischen Gebieten sammeln sich Personalgemeinden. Neuerdings gibt es auch Richtungsgemeinden, die durch eine bestimmte Spiritualität bzw. eine spezielle Aufgabe geprägt sind. Solche Gemeindeformen ermöglichen einerseits eine Vielfalt von geistlichem Leben, führen gelegentlich aber auch zu Spannungen mit traditionellen Ortsgemeinden. Kommunitäten und geistliche Gemeinschaften haben Einkehrhäuser, in denen Menschen Stille, Seelsorge, geistliche Begleitung und ein reiches gottesdienstliches Leben finden.

Das Impulspapier der EKD »Kirche der Freiheit« (2006) hält es für sinnvoll, wenn es neben den unterschiedlichen Gemeindeformen »zentrale Begegnungsorte des evangelischen Glaubens« gibt, »die missionarisch-diakonisch-kulturell ausstrahlungsstark sind und angebotsorientiert in einer ganzen Region evangelische Kirche erfahrbar machen«. Ein Miteinander von solchen zentralen Begegnungsorten mit einer besonderen Ausstrahlung und den Ortsgemeinden hat es in der Geschichte der Kirche immer gegeben. Wichtig ist, dass beides aufeinander bezogen bleibt und nicht gegeneinander ausgespielt wird. Auch Kirchentage und vergleichbare populäre Großereignisse benötigen als spezifische Verwirklichung von Kirche ein solches Zusammenspiel von alltäglichem kirchlichen Leben und den besonderen Erfahrungen eines großen Glaubensfestes und eines vielfältigen »Marktes der Möglichkeiten«.

Daneben treten neue Angebote und Gestalten kirchlichen Lebens, die vor allem Menschen im Blick haben, die vom traditionellen kirchlichen Leben nicht (mehr) erreicht werden. Angebote wie die aus Finnland stammenden Thomasmessen »für Suchende, Zweifelnde und andere gute Christen« und Initiativen, denen es um »fresh expressions of church« (frische Ausdrucksformen von Kirche) ergänzend zu den vorhandenen Ortsgemeinden geht und die das Gesicht der *Kirche von England* seit den 1990er Jahren verändern, beginnen, den Weg der Kirchen in Deutschland zu inspirieren und deren Erscheinungsbild zu beeinflussen.

6.3 Gestufte Mitgliedschaft?

Längst treffen wir in Gemeindegruppen, in Chören, in Hauskreisen und auch im Gottesdienst auf Menschen, die dieses und jenes Angebot der Kirche attraktiv finden, die sich unter Christen wohlfühlen, die bestimmte Projekte für unterstützenswert halten oder die sich dem christlichen Glauben nahe wähnen, ohne getauft zu sein und auch ohne dies mittelfristig vorzuhaben. Ebenfalls wird gelegentlich nach Segenshandlungen auch für Nichtchristen gefragt, die sich an Pfarrerinnen und Pfarrer wenden, z. B. wenn sie vor einer Operation stehen, wenn ein Familienmitglied gestorben ist, wenn sie sich ihrer Zusammengehörigkeit nach 25 Jahren Ehe vergewissern wollen oder wenn sie für ihre Kinder nach einer Begleitung jenseits von Jugendweihe und Konfirmation suchen. Diese Beobachtungen werfen die

Frage auf, ob es nicht eine gestufte Mitgliedschaft in der Kirche oder den offiziellen Status von »mitarbeitenden Gästen« (EKU 1999), »Freunden« oder »Unterstützern« geben sollte. Seit den 1980er Jahren wird über mögliche Formen gestufter Mitgliedschaft diskutiert. Diese Diskussion wird in Zukunft sicher weitere Nahrung erhalten und vor allem dort, wo auch in Deutschland Christen in einer deutlichen Minderheitensituation leben, aufmerksam verfolgt werden.

> »Die Diskussion um gestufte Mitgliedschaft wird in Zukunft sicher weitere Nahrung erhalten.«

6.4 Nahe und ferne Milieus

Bereits im 19. und im 20. Jahrhundert erwies es sich für die Kirche als schwierig, in neu entstehenden kulturellen und sozialen Milieus Fuß zu fassen, eine angemessene Sprache und passende Formen der Kommunikation zu finden sowie einladende Formen der Beteiligung zu entwickeln. Die sich daraus ergebende Fremdheit gegenüber den Kirchen, z. B. innerhalb der Arbeiterschaft, aber auch im liberalen Bürgertum, war von langer Dauer und wirkt sich bis heute aus. Neuere Studien, die versuchen, die Milieus, in denen Menschen heute zuhause sind, genauer in den Blick zu nehmen, haben gezeigt, dass zwar manche kirchlichen Angebote wie Konfirmation und Bestattung noch immer milieuübergreifend angenommen werden, dass aber die Botschaft der Kirche, ihre Lebensangebote und auch manche Ausdrucksformen des christlichen Glaubens nur noch für einen kleiner werdenden Teil der Menschen im persönlichen Leben relevant sind. Eine gewisse Nähe zur Kirche gibt es am ehesten in traditionellen Milieus, während in nicht wenigen Bereichen der Gesellschaft die Beziehung zur Kirche von Gleichgültigkeit, Unkenntnis und Desinteresse geprägt ist.

Solche Einsichten sind für eine Kirche, die in etlichen Regionen noch immer einen hohen Prozentsatz der Menschen als ihre Mitglieder zählt, unangenehm – und zugleich äußerst hilfreich. Wenn es stimmt, dass die Ausdifferenzierung der Gesellschaft in recht deutlich unterscheidbare und sich zunehmend voneinander abgrenzende Milieus (nicht nur in den städtischen Räumen) mittelfristig eher fortschreiten wird, hängt für die Kirche viel davon ab, inwieweit sie die jeweiligen kulturellen Prägungen, Wertvorstellungen und Mentalitäten wahrzunehmen und zu reflektieren weiß. Ihr Ziel wird nicht Anpassung oder Anbiederung sein, wohl aber eine Übersetzung des Evangeliums in »milieusensible« Verkündigung und Seelsorge – in dem Bewusstsein, dass trotz aller Kompliziertheit der gesellschaftlichen Entwicklung nach wie vor gilt: »Gott will, dass *allen* Men-

> **»Das Ziel wird ›milieusensible‹ Verkündigung und Seelsorge sein.«**

schen geholfen werde und sie zur Erkenntnis der Wahrheit kommen« (1Tim 2,4). Deshalb muss die Kirche auch in einer sich so ausdifferenzierenden Gesellschaft »Kirche für alle« bleiben – ohne es allen recht machen zu wollen.

6.5 Postmoderner Lebensstil

Kirchliches Leben und kirchliches Selbstverständnis, wie es sich in Deutschland entwickelt hat, sind weithin beeinflusst von kulturellen Rahmenbedingungen, die zunehmend infrage gestellt werden. Zum »post-« oder »spätmodernen« Lebensstil und Lebensgefühl des 21. Jahrhunderts gehört es immer häufiger, misstrauisch zu sein gegen alle umfassenden und womöglich jede Frage beantwortenden Denkgebäude (»große Erzählungen«) wie auch gegen Organisationen, die diese vertreten. Daraus erwächst ein großes Zögern, sich überhaupt und gar erst lebenslänglich an solche Großorganisationen – Parteien, Gewerkschaften, Kirchen – zu binden.

Leichter als ihre Eltern und Großeltern können junge Leute heute damit leben, dass unterschiedliche Wahrheitsansprüche unausgeglichen nebeneinander bestehen bleiben. Leichter können sie sich heute für dieses, bei einer nächsten Gelegenheit für ein vollkommen anderes Projekt engagieren. Dem entsprechen viele individuell und unter Aufnahme vielfältiger Einflüsse gestaltete Lebensentwürfe. Menschen entwickeln immer öfter auch ihre religiöse Identität als ein Flickwerk (*patchwork*) aus vielen Stücken, die früher als einander ausschließend angesehen wurden. Das Interesse an Beheimatung und an authentischer spiritueller Begleitung, die sich nicht auf formale Autorität stützt, ist spürbar. Wie kann der christliche Glaube als umfassende Deutung der Welt, wie kann das Interesse Gottes an Heil und Wohl des ganzen Menschen, wie kann der Ruf in eine *dauerhafte* Nachfolge Jesu angesichts solcher Veränderungen plausibel gemacht werden? Die »Kirche für andere« (Dietrich Bonhoeffer) darf sich »die anderen« nicht aussuchen. Wie also werden Gemeinden oder neue Sozialformen von Kirche aussehen, die für solche »postmodernen Menschen« mit ihrer Zurückhaltung gegenüber dauerhafter Bindung und Verpflichtung offen sind?

6.6 Virtuelle Gemeinden?

Vielfältige kirchliche Präsenz im Internet ist inzwischen selbstverständlich: theologische Informationen, Dokumentation von Texten, Kommunikationsangebote in Foren und Beratungsmöglichkeiten, Kirchennachrichten und Bilderstrecken. Kirchennahe und Kirchenferne können angesprochen werden. Für viele erleichtert der Mausklick den Erstkontakt. Andere schätzen den bequemen Zugang vom heimischen PC aus. Dies wird für Seelsorge, Verkündigung und theologisch-geistliche Bildung mit Erfolg praktiziert. Das Internet ist aber mehr als ein »neues Medium« mit vielen Möglichkeiten für Kontaktaufnahme, Informationsbereitstellung und Vermittlung. Es ermöglicht die Schaffung von Netzwerken und von neuartigen virtuellen Formen zwischenmenschlicher Beziehungen. *Virtual communities* entstehen, in denen sich auch Christen auf Dauer verbinden. Für die Grundvollzüge von Kirche allerdings sind Begegnungen in realer Gemeinschaft erforderlich. Die Taufe und das Mahl des Herrn sowie weitere kirchliche Handlungen (z. B. Konfirmation, Trauung, Krankensalbung, Ordination) können nur leiblich spürbar gefeiert werden. Man kann im Internet nicht unter Handauflegung segnen oder gesegnet werden. Man kann sich im Internet nicht zum Lob Gottes versammeln.

Deswegen können »Cyberkirchen« trotz ihres Namens weder Ersatz für reale Gemeinden sein noch deren Weiterentwicklung. Wohl aber können sie als »Orte«, wo Gemeindeleben gepflegt wird, der Kirche helfen, in der virtuellen Welt präsent zu sein, vielleicht auch als eine Form des Einstieges und der Annäherung und einer ersten Beheimatung. In diesem Sinne ist kirchliche Präsenz im Internet weiter zu gestalten und zu profilieren.

> **»Die Taufe und das Mahl des Herrn können nur leiblich spürbar gefeiert werden.«**

6.7 Kirche in Europa und in der Welt

Schon immer war Kirche selbstverständlich übernational und global. Die Katholizität der Kirche drückte sich in europäischen und weltweiten Zusammenschlüssen wie der »Konferenz europäischer Kirchen«, dem »Lutherischen Weltbund« und dem »Ökumenischen Rat der Kirchen« aus, in Konferenzen, Partnerschaften und Besuchen. Künftig wird dies noch selbstverständlicher und häufiger erfahrbar sein. Immer weniger Grundfragen unseres Lebens sind innerhalb unseres Landes und im deutschen Horizont zu lösen. Immer weniger Zukunftsfragen können ohne Partner im näheren oder ferneren Ausland bearbeitet werden. Christen sind hier mit ihrer sozusagen natürlichen Weltläufigkeit gefragt!

> **»Christen sind mit ihrer natürlichen Weltläufigkeit gefragt.«**

Kirche in Europa und in der Welt zu sein – das heißt: Einübung in Dialoge, Einübung in Zuhören, Einübung in

Sprachfindung gegenüber anderen christlichen Traditionen, Einübung in Partnerschaften, die von kultureller Vielfalt geprägt sind. Das heißt auch, lernen von Kirchen aus Ländern, wohin einst das Evangelium von Europa aus gelangte. Ökumene über Ländergrenzen hinaus und zwischen den Kirchen wird immer mehr zum Alltag gehören. Dies kann die Kirchen aus einer unguten Provinzialität und einer auf Abgrenzung bedachten Konfessionalität herausführen, kann sie bereichern und zugleich herausfordern, möglicherweise auch verwirren.

In einer »kleiner gewordenen« Welt und in einem weltoffenen Land leben wir »Tür an Tür« mit Menschen, die anderen Religionen angehören. Theologische, kulturelle und politische Fragen verweben sich. Dadurch wird die Frage nach Beheimatung und nach der Erfahrbarkeit von »Kirche vor Ort« in einem größeren Zusammenhang neu gestellt.

Bei allen Veränderungen und Reformen wird auf das Verhältnis zwischen dem, was Menschen mit ihren von Gott verliehenen Gaben bewirken können, und dem, was allein Gottes Geist bewegen kann, zu achten sein. Entsprechend dem alten benediktinischen Grundsatz »ora et labora« (bete und arbeite) wird bei allem Wirken dem Gebet eine wichtige Rolle für die Zukunft der Kirche zukommen.

> Es soll nicht durch Heer oder Kraft, sondern durch meinen Geist geschehen, spricht der HERR Zebaoth.
>
> (Sach 4,6)

Editorial zur Reihe

Im Gespräch mit Gemeindegliedern und besonders in der Zusammenarbeit mit ehrenamtlichen Mitarbeiterinnen und Mitarbeitern in Kirche und Diakonie lässt sich zunehmend ein sehr großes Interesse an theologischen Fragen beobachten. Viele wünschen sich, theologisch besser informiert zu sein. Vor allem kirchliche Mitarbeiter im Ehrenamt verstehen sich nicht als bloße »Helfer« der Pfarrer, sondern als Partner auf gleicher Augenhöhe. Um sich aber mit ihren spezifischen Erfahrungen und Kompetenzen sinnvoll einbringen zu können, brauchen sie theologische Bildung. Erst theologische Sachkenntnis ermöglicht ein angemessenes Wirken nach innen und nach außen. Und: Theologie ist eine spannende Sache, die Leidenschaft weckt und helfen kann, angstfrei in Gemeindegruppen Diskurse zu führen und zu leiten oder mit Menschen ohne jeden religiösen oder christlichen Hintergrund zu debattieren und ihnen den eigenen Glauben zu erklären.

Theologisches Wissen darf deshalb nicht den für kirchliche Berufe Ausgebildeten vorbehalten bleiben. Die Reihe »Theologie für die Gemeinde« stellt sich dieser Aufgabe. Sie präsentiert die wichtigsten theologischen Themen für Gemeindeglieder in 18 Taschenbüchern, von denen jeweils drei die Thematik eines Teilbereiches entfalten:

Die Grundlagen kennen:	Warum Gott? / Der Mensch in seiner Würde und Verantwortung / Die Kirche
Die Quellen verstehen:	Glaubenserfahrung im Alten Testament / Glaubenserfahrung im Neuen Testament / Die Bibel verstehen und auslegen
Gottesdienst feiern:	Kirchenräume und Kirchenjahr / Gottesdienst verstehen und gestalten / Geistlich leben

In der Welt glauben:	Glaube und Wissenschaft / Glaube und Ethik / Christsein in pluralistischer Gesellschaft
Gemeinde gestalten:	Gemeinde entwickeln und leiten / Eine kleine Gemeindepädagogik / Diakonie, Seelsorge, Mission
Die Geschichte wahrnehmen:	Kirchengeschichte im Überblick / Die Reformation und ihre Folgen / Ökumenische Kirchenkunde

Mit den verschiedenen Bänden unserer Reihe sollen den Gemeindegliedern preiswerte und ansprechende Taschenbücher angeboten werden, in denen Fachleute in kompakter Form und elementarisierender Sprache zu den wesentlichen Themen der Theologie Auskunft geben – ohne zu viel an Vorwissen zu unterstellen, aber auch ohne die Glaubens- und Lebenserfahrung der Leserschaft und die in unseren Kirchen diskutierten Fragen zu übersehen.

Für die Mitarbeit konnten wir Autoren und Autorinnen aus dem universitären Bereich und gemeindenahen Zusammenhängen sowie Mitarbeiter an Projekten und Aufgaben der VELKD gewinnen, Frauen und Männer aus verschiedenen Generationen aus Sachsen, Thüringen, Sachsen-Anhalt, Nordrhein-Westfalen, Baden-Württemberg und Bayern.

Die so entstandenen Bücher sind zur privaten Lektüre gedacht und leiten zur persönlichen Auseinandersetzung mit den Themen des Glaubens an. Sie können aber ebenso Anregungen für das Gespräch in Gemeindeseminaren, Bibelkreisen oder Hauskreisveranstaltungen geben und die Arbeit im Kirchenvorstand unterstützen. Insofern sind sie im besten Sinne »Theologie für die Gemeinde«.

Heiko Franke / Wolfgang Ratzmann

Zu den Autoren

Manfred Kießig, Dr. theol., Jahrgang 1940, Pfarrer em., studierte Theologie in Neuendettelsau, Heidelberg, Göttingen, Tübingen und Erlangen. In den Jahren 1970–1975 arbeitete er als wissenschaftlicher Sekretär der Katechismuskommission der VELKD. Zwischen 1975 und 1982 war er Pfarrer, anschließend bekleidete er bis 1991 das Amt des Oberkirchenrats im Lutherischen Kirchenamt der VELKD in Hannover. Bis 1999 war er Dekan in Aschaffenburg/Unterfranken und bis zum Jahr 2005 Pfarrer und Spiritual der Kommunität Christusbruderschaft Selbitz. Kießig lebt mit seiner Frau in Störmthal bei Leipzig.

Heiko Franke, Dr. theol., Jahrgang 1960, studierte Theologie in Leipzig und Erfurt und promovierte 1991 in Wien. Nach seiner Tätigkeit als Pfarrer in Borna bei Leipzig war er bis 2001 Studienleiter am Theologischen Studienseminar der VELKD in Pullach. Anschließend arbeitete er bis 2009 als Direktor der Evangelischen Heimvolkshochschule Kohren-Sahlis. Seit 2009 ist er Pfarrer für Ehrenamtlichenqualifikation bei der Ehrenamtsakademie der Ev.-Luth. Landeskirche Sachsens. Franke ist verheiratet und lebt in Gnandstein.

Theologie für die Gemeinde

Die 18 Taschenbücher umfassende Praxisreihe»Theologie für die Gemeinde« vermittelt für Kirchvorsteher und ehrenamtlich Mitarbeitende Basiswissen zu allen wichtigen theologischen und kirchlichen Fragestellungen. Die Reihe ist in sechs Teilbereiche gegliedert, deren Thematik über jeweils drei Bände entfaltet wird:

I. Die Grundlagen verstehen
II. Die Quellen verstehen
III. Gottesdienst feiern
IV. In der Welt glauben
V. Gemeinde gestalten
VI. Die Geschichte kennen

Aspekte des Glaubens gut verständlich aufbereitet und klar strukturiert.

Bereits erschienen sind:

Wilfried Härle: **Warum Gott?** (2013)
Jürgen Ziemer: **Andere im Blick** (2013)
Bettina Naumann: **Heilige Orte und heilige Zeiten?** (2013)
Wolf-Jürgen Grabner: **Auf Gottes Baustelle** (2013)
Gunda Schneider-Flume: **Wenig niedriger als Gott?** (2013)
Heiko Franke | Manfred Kießig: **Wo der Glaube wohnt** (2013)

EVANGELISCHE VERLAGSANSTALT
Leipzig   www.eva-leipzig.de

Tel +49 (0) 341/ 7 11 41 -16   vertrieb@eva-leipzig.de